U0622183

DISRUPTIVE THINKING

颠覆性思维

企业如何引领未来

（德）贝恩哈特·冯·穆提乌斯 —— 著
(BERNHARD VON MUTIUS)

暴颖捷 —— 译

ZHEJIANG UNIVERSITY PRESS
浙江大学出版社

图书在版编目（CIP）数据

颠覆性思维：企业如何引领未来 /（德）贝恩哈特·
冯·穆提乌斯著；暴颖捷译. —杭州：浙江大学出版社，
2020.11

书名原文：Disruptive Thinking：Das Denken，das der Zukunft gewachsen
ist（Dein Business）

ISBN 978-7-308-20548-1

Ⅰ.①颠… Ⅱ.①贝… ②暴… Ⅲ.①企业管理—研
究 Ⅳ.①F272

中国版本图书馆 CIP 数据核字（2020）第 168670 号

著作权合同登记 图字：11-2020-400

颠覆性思维：企业如何引领未来

（德）贝恩哈特·冯·穆提乌斯 著

暴颖捷 译

责任编辑	卢 川
责任校对	刘葭子
封面设计	VIOLET
出版发行	浙江大学出版社
	（杭州市天目山路 148 号 邮政编码 310007）
	（网址：http://www.zjupress.com）
排 版	杭州中大图文设计有限公司
印 刷	杭州钱江彩色印务有限公司
开 本	880mm×1230mm 1/32
印 张	7
字 数	146 千
版 印 次	2020 年 11 月第 1 版 2020 年 11 月第 1 次印刷
书 号	ISBN 978-7-308-20548-1
定 价	48.00 元

序言　世界要大乱了吗?

一个幽灵,在欧洲徘徊,并且不只在那里。各大垄断集团总部的会议室,经济杂志的编辑部,企业经济学专业的大学生和雄心勃勃的初创公司创始人的脑海中,都有它的身影。它并不是19世纪的一种意识形态,而是始于20世纪,并在21世纪开始迅速传播的一种思维方式,这就是颠覆性思维。

对于"颠覆"(disruptive)这个词带来的改变,各行各业人员莫衷一是。一方面,他们私下里对此感到十分狂喜,特别是当看到它毁灭了一些厉害的竞争对手的时刻。先是柯达,再是诺基亚,都在颠覆性思维的洪流中销声匿迹。也许下一个就是一家著名的能源垄断公司,或者一家大型银行,或者一家世界闻名的汽车制造公司。另一方面,他们也战战兢兢,害怕有一天自己也会遇到颠覆,最后被毁灭。

2016年1月,达沃斯论坛。和往年一样,来自商界和政界的国际杰出人物聚集一堂,就这个时代的一些重大问题交换意见。而这一年官方的中心议题就是所谓的第四次工业革命,非官方的议题则是在上次论坛中就提到但尚待解决,而这次又被提上日程的,引起大家特别关注并讨论的话题——颠覆。"数字化颠覆,现在已经是所有问题的关键了。一些商界领袖人物就曾跟我谈到，他们现在就决心致力于颠覆，赶在他们自己被颠覆之前。"皮埃尔·南佩德（Pierre Nanterme），埃森哲管理咨询公司（Accenture）的前首席执行官，在他 2016 年 1 月 17 日的博客中这么写道。彭安杰（Ajay Banga），万事达卡（MasterCard）总裁兼首席执行官，也曾一针见血地指出很多人在达沃斯论坛上的感受："恐惧，就是大多数人对于颠覆性威胁的感受。"

但这又意味着什么呢？这仅仅只是"颠覆性革新"吗？还是如克莱顿·克里斯坦森（Clayton M. Christensen）①曾写道的那样："利用数字化技术的机会？"如果是这样的话，我们又该从哪一方面来理解数字化技术这个概念呢？它是广义的概念，还是狭义的概念？是如克里斯坦森所说，颠覆性革新仅仅会出现在新兴市场以及下级细分市场，还是也会在其他领域出现？谁又打算控制人类的创造力？

又或许这其实不仅仅是一场科技革命或者生产革新，更是一场社会的变革——不仅在工作和合作方面，在管理和组织方面，也在学习和教育方面？

《法兰克福汇报》（FAZ）②新闻记者卡斯滕·克诺普（Carsten Knop）的一篇文章曾报道说："政客和精英们已经失

---

① "颠覆性技术"理念的首创者。其代表作为《创新者的窘境》和《创新者的解答》。——译者注（全书脚注如无特别说明，均为译者注）

② 德国最有影响的五大报纸之一，也是德国发行量最大的报纸之一，同时该报也在所有的德国严肃报纸中拥有最高的国外知名度。

去了民众的信任。整个世界范围内，普通民众对于那些高学历、高收入阶层的不信任感在不断增加。那些精英人物也不再能够起到领导作用。"而一年之后的达沃斯论坛，又有一篇文章这样报道："人们对于政治和社会公共机构的信任不断被腐蚀。政客、经理人、非政府组织以及媒体也越来越不被信任。"也许这也是颠覆的一种表现？或者是一种革命？那么这又与数字化有什么关系呢？这所有的一切是怎么联系在一起的呢？

三个论点

颠覆性思维首先意味着思考的变革，并且仍在持续。对此，我有三种论点，或者说是三个假设。因为将来真正会发生什么，我们只有在未来才会确切知道。

第一个论点

我们现在生活在一个从旧世界向新世界过渡的时期。这是一场巨大的转型，即数字转型。并且这种转型不仅仅在技术方面，而且在社会和文化方面都完全地改变了我们的思维和行为方式。

第二个论点

过渡时期意味着：旧的方式不再正常运转，而一些新的方式也还尚未成熟。我们只能通过直觉和本能对其有所感知，比如我们经受着的不断增长的压力。而我们也无法预测到明天会发生什么。因为这也是过渡时期的一种表现。而且，这个时期还以各种不断叠加的矛盾和冲突为标志。

第三个论点

就目前的转型而言，其不仅仅与工业革命相似，它本身就是一场革命。我把它叫作创新革命。它的历史意义在于促进人类创造能力的发展，并通过数字化技术以及互联网得以实现。

创新革命无处不在，而颠覆性思维就是这场革命需要的技巧手段和训练科目。

什么是颠覆性思维？

颠覆性思维是一种思维方式，会随着这个时代错综复杂的要求发展。它是一种没有围栏束缚的横向思考方式。

颠覆性思维也是一种切合实际的未来思维方式，它不会把各种干扰障碍排除在外，反而会把它们囊括其中。

颠覆性思维还是一种双元思维方式，它考虑的是各种不确定性，并可以化解各种矛盾。

颠覆性思维不仅适用于处于数字化转型中的组织机构，也适用于处于萌芽状态的创新革命中的组织机构。

颠覆性思维促进了创新潜能的开发，也加强了社会的责任。

几年前，我第一次听说了下面这则故事：一位老师在一所小学教6岁的孩子们画画。其中有一个女孩，平时坐在教室的后排，并不积极参与课堂活动，而这一次却十分专心，忙着在纸上画画。于是，这位老师非常好奇地问那个女孩在画什么。小女孩头也没抬，答道："我在画上帝。"老师惊讶地说道："但是没人知道上帝长什么样子啊。"然后小女孩回答说："您等一会就会知道了。"

我非常喜欢这个故事，它很好地证明了孩子们拥有的丰富想象力。我们也曾充满创造力。很多人都曾相信，自己敢于做那些表面上看似不可能的事情，并且能够超越传统观念的束缚。

它同时也是一个很好的借鉴，当那些成年人都牢牢坚信着的知识被质疑时，面对人们可能会有的惊异，我们就可以想想这个故事。我在小学一年级时曾写过一篇作文，当时老师要求我们描写天国的景象。我当然知道大人们是怎样描绘天国的情景的，但这并不能让我明了，为什么人们在天国就必须不断地吃一些东西（大部分是动物），然后懒散地躺着。

因此，我在作文里描绘了另外一幅景象：人们生活在广阔的大地上，空气中蕴含着生命所需的营养物质，人们只需呼吸就能生存，可以到处探索，发现新事物。

在一本关于颠覆性思维的书中，讲述这个故事，确实并不足以证明什么。但也许从另一个层面，有我关于这个故事的另一种联想：这个相信自己画的上帝的小女孩，代表了这个时代创新革命的萌芽，代表了新的世界。在这个世界中，会产生各种我们至今无法想象的事物。此外，她还代表了旧世界中的各种动荡与冲击。

一些人觉得新世界是十分有吸引力的，而另外一些人却对此深感担忧。在这样的紧张状态下，就会出现一种氛围——鼓舞人心的革新与令人担忧的防备反应，颠覆思想与各种空谈，人们到底要怎么进行区分两者呢？

"颠覆性思维"（disruptive thinking）的概念由两个单词组成，第二个单词在这里并不代表着由于困境而思考。颠覆性思维并不是赞颂任何颠覆性行为，而是对颠覆的一种反思，并且同时对管理和组织进行创造性的实践，使之更好地面对颠覆性的转变。

颠覆性思维：颠覆的反思和创造性的实践

这一点对于我来说非常重要，因为我们生活在一个充斥着即时商品的时代。我们不断地预定、购买商品，或者处于持续的压力下，某项任务必须在最短的期限内得以执行。但是颠覆性思维告诉我们：在行动中总要留有思考的时间，或者说，在行动之前，特别是如果你要前往一个极端区域的话，必须认真思考。

极限攀岩、单板滑雪以及自由滑雪的职业运动员都有这种体会。因为在征服每一座高山之后，等待他们的将是新的机遇。正如自由滑雪运动员梅兰妮·舍恩蒂尔（Melanie Schönthier）和史蒂芬·伯纳德（Stephan Bernhard）所说的那样，他们当然也知道："绝境是一个满是危险的地方，任何错误的决定都能摧毁自身。"因此，好的身体状态，特别是心理上的准备非常重要。"最好做好准备，去迎接各种不幸的降临。"他们补充道。

良好的技术装备固然很重要，任何一个新手都可以买到最新的装备。但是，更重要的决定性的策略只能在人们的脑海中做出。就如同极限登山运动员一样，人们必须熟悉这块区域，同时准备好两条路线：一条正在走的路线，一条可能走的路线。同时注意每一块可能成为障碍的石头，每一个可能引发雪崩的隐蔽点。

考虑备选方案，及时发现危险，再加上相信自己的判断，这些都是在每一次极限挑战时想要生存下来所必需的品质。颠覆性思维，就是通过这样的技巧手段和训练，使人们能够更好地处理问题。它为人们能够更早地发现颠覆性趋势，并将其转变为更好的发展机会创造了前提，使人们能够找到一条新的路线，得以向前跃进。

本书并不是简单的行为指南，它更像是一个"指南针"，帮助读者找到自己的方向。

当然，颠覆性思维也有自己一系列的工具和方法，并且已在一些创新及转型项目的实践中被证明是十分有效的。但与其说它是一套全新的工具，不如说是一种不一样的思维模式。跟人的思考与行为方式有关，跟培养新的适应能力以及设计能力有关，这些能力都给了我们更大的自由度，为我们创造了更多的选择可能性。

在本书中，我想带读者一起经历一段从旧世界走向新世界的旅程，一段在颠覆性思维的体验世界中的漫游，一段由三部分组成的考察旅行。人们可以把这三部分称为"三道"（Gänge）①。这里并不是指所谓的上菜顺序，而是指思维逐步发展的过程，就像我们在漫游中从不同角度探索周围环境，注意自己内心的感受，收集各种体会，并在最后进行整理，为我们未来可能的行动总结经验。这样，在每一条通道的终点，我们都会得到一条对实践有用的指令。

我们在每一条通道中都会遇到危险区域，我们无法回避，事实上，我们也不能回避。这些在危险区域中遇到的矛盾、困境都是变革中不可抗拒的因素。颠覆性思维就是面对这些因

---

① 单数形式是 Gang，在德语中有一道菜的意思，也有走廊、通道的意思。

素，尝试去战胜它们，并得到成长与提升。

颠覆性思维的产生就像地震的发生。众所周知，人们是无法预测地震的，只能大致地了解地震多发的区域，对岩层进行分析，进行更准确的测量，等等。但人们不可能精确地知道，地震会在何时何地发生。

我们无法准确地说出下一次的颠覆会在什么时候以怎样的方式发生——我们只能指明科技的、经济的以及社会的发展模式，以便于我们不会完全盲目地参与到某个颠覆事件之中。我们也可以提出设计方案，以便能够更好地做准备。但是，在不断增长的各种不确定条件下，需要做出的决策以及应当承担的责任等都没有人能够帮我们分担。

因此，颠覆性思维主要研究以下对立性的问题：已知和未知，循规蹈矩和另辟蹊径，机器和人类。瑞士德语作家弗里德里希·迪伦马特（Friedrich Dürrenmatt）曾写道："一种机器，只有在人们不需要了解发明它的理论而独立存在的时候，它才是有用的。"但这并不意味着，这些理解对人们开辟新大陆没有任何作用。但是，颠覆性思维是建立在自我思考的基础之上，有着创造性的愉悦感，是充满好奇、试验性的、有意识的。

未知和提问

每当我谈到未知时，并不是指什么深层意义的概念，而是指那些具体且实用的知识。

多年来，我一直致力于研究创新和转型。我也曾去过硅谷，同那些数字化时代中的先锋人物进行过交流，当时许多人还只认为，苹果公司（Apple）也不过是一个利基企业①。我参与领导了许多企业的转型工作，并组织过大量的革新研讨会、未来工作室及领导力培训项目。

坦白说，那时我觉得，也许再没有什么能让我感到惊奇。但是，最近几年我突然发觉，变化的速度以一种令人害怕的方式在不断地加快。新旧之间的变化发生在越来越短的时间之内。每天、每小时，甚至每分钟都会发生改变。我们看到的那些颠覆和变革，不仅发生在科技领域，也不仅仅在经济范畴。

这就意味着，可能当您读到这本书时，一些我在后面章节中谈到的事实可能已经过时。变化的速度如此之快，以至于那些今天看还是新的公司、新的商业模式，明天再看可能就已经倒闭或陈旧过时。这就是这个颠覆的时代的基本特征，有时甚至是一波未平，一波又起。我们几乎无法跟上时代的脚步。因此，在已知中承认未知的存在，对于颠覆性思维十分重要，这是掌控创新革命的前提。

对于经理人和高管来说至关重要的是，当前就必须对未来发展战略以及长远的投资计划做出决策。特别是在汽车工

---

① "利基"一词是英文"Niche"的音译，利基营销是指企业为避免在市场上与强大竞争对手发生正面冲突，选择由于各种原因被强大企业轻视的小块市场作为其专门的服务对象，对该市场的各种实际需求全力予以满足，以达到牢固地占领该市场的营销策略。

业，我们现在就必须决定，有哪些车型将要在四年或五年后推向市场。我同很多汽车行业的经理人都谈过这个问题，得到的回答总是，对他们来说，做这个决定是如何的困难，即使是最聪明的创新团队做出的调查研究都似乎没有能力去改变现状。

人们如果消极地看待这件事的话，就会觉得这是知识的落后。但从另一个方面来看，它其实是我们的意外收获，与在日常管理工作中培养新的专注力的要求紧密相关。"为意想不到的事做准备。"这就意味着颠覆性思维需要锻炼发现未知的能力，在进行试验的同时培养新的专注力。

这个不断变化的世界，既是一个游乐场，同时也是战场。这听起来会让人心生畏惧。但是，这一点在一些美国科技公司中却经常被提到。许多公司就是在这样的文化环境中成长发展起来的，就像《纸牌屋》这样的电视剧，它在一定程度上是现实的一种映照。

当然有人会问，那该做什么呢？在数字化转型过程中，我们首先必须明确自己的职责。比如说，做一份细致的优劣势分析，并问问自己："我们的企业现在处于数字化的哪一个阶段？我们哪里做得好，哪里做得不好？有哪些竞争对手会从哪些领域颠覆性地攻击我们的企业？我们要如何保护我们的企业？我们是否有一个明确的想法和战略方向？而组织结构又受到了多大的影响？组织互联的程度如何——不仅是横向的，而且是纵向的互联互通？我们是否需要一个采用新的战略方法工作的团队？为了未来的发展之路，我们需要哪些员工？在我们的团队中,是否已经有足够的优秀的人才及团队合作者?"

确实,仅仅是回答这些问题,并从中想出解决措施,就已经是一项具有挑战性的工作了,这是一项需要结合很多人的智慧才能完成的项目。几乎所有大型的创新公司都直接或者间接地致力于这些任务。其中有一些公司我们还会在本书中详细论述。

然而,这些都是我们已经知道的,我们怎么才能到达另一面我们不知道的地方呢?"你怎么才能知道有些事情是你不知道的呢?"作为爵士钢琴家及创新研究者的高健(John Kao),就曾尖锐地指出这一点。有时,只有当我们能够在熟悉与陌生的领域之间灵活转化的时候,颠覆性思维才真正出现。

然而有时也会存在问题,一些在我们完成数字化转型任务时无法回避的棘手问题。我们处于什么阶段?而那些我们学习的美国硅谷企业又处于什么阶段?难道我们只能在后面追逐它们的发展吗?还是说我们可以创造自己的发展方式?那又是一种什么样的方式?这场追逐战最终会通向何方?而发展的"下一等级"是什么?

在我们思考这些问题时,也许还会遇到其他问题:对于那些在这个"战场"上表现不佳的人,他们到底该怎么办?我们又该如何对待那些无法跟上这场追逐战的人呢?在这场战争中我们又具有怎样的创造力?我们的转型又怎样能持久?

这些问题都是一环扣一环,最终形成一个封闭的圈。我们必须要更努力一点,拥有更多的社会责任感,以及敏捷的思维能力。

目　录

第一章　已知和未知：颠覆性游戏
　　　　开始了

第二章　循规蹈矩和另辟蹊径

目 录

003

第三章　机器与人类谁决定了我们的未来？

目 录

005

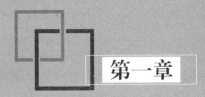

第一章

已知和未知：

颠覆性游戏开始了

看山是山

看山不是山

看山还是山

——中国禅语

主动行动还是被动回应？

米歇尔·默腾斯（Michael Mertens）是一家大型国际化经营的航空企业集团董事会的成员。和他的同事一样，他一直处于多重压力之下：由国家资助的航线，如何能够在高价区间以更低成本运营？而在相对低价区间运营的航线，如何以更便宜的票价吸引更多顾客？他要如何引领企业走出这两者面对的困境？

大卫·比恩（David Bean）是一名企业运营经理，为美国一家大型制药厂商的分公司运营提供优化意见。最近他精神非常紧张，原因在于集团总部提出了要将成本降低40％的目标。而他和同事们虽互相鼓励，但对于如何才能完成这一目标，大家仍完全没有头绪。

安妮·奥弗温德（Anne Aufwind）在一家大型通信公司的人事部门工作。她目前也处于进退两难的境地：因当前经济不景气，公司还在继续裁员，因此她也必须在自己的部门进行人员裁减。与此同时，她还需要制订相关政策用以安抚即将离开公司的员工。她应该怎么做？

作为一名玩具行业中的管理人员，海因茨·沃尔法思（Heinz Wohlfarth）深刻地体会到，传统的零售店想要赚钱变得越来越困难。而网络销售中的竞争对手要价更低，而且物流更快。企业要如何才能跟得上发展？

西娜·宫克（Dina Junker）在一所学校工作，该校地处社会问题十分严重的城市地区。她和其他同事共同拟订了曲帆，力于评估项中的冲刺，而且其中一些已经开始实施。但是她却不知道应该如何应对繁重的工作压力。由于缺了师资力量，一职多用的她工作十分繁重，而精疲力竭的她却感到自己的工作并不受官方教育部门的重视。同时，她还担忧政府政策的发展趋势。最近，她无意中听到了托马斯·戈特沙特（Thomas Gottschalk）[①]在麦布伊特·伊尔纳（Maybrit Illner）[②]节目中所谈到的关于"颠覆"的话题——整个社会的坐标系已不平衡，人们已不知所措："请你们帮助我，我怎样才能找准自己的方向？"西娜发觉自己也染上了这种无措感。

---

① 德国演员，主持人。
② 德国脱口秀节目主持人。

史蒂芬·加百利（Stephan Gabriel）是一家世界著名的汽车配件供应商的高级创新管理经理。在无人驾驶领域，他的部门在寻求开创性的革新发展，而与此同时他必须面对高额的成本压力。他刚参加过一场大型创新会议，在会议中，他遇到了很多来自其他领域的同行，大家都在讨论颠覆性创新。这对他的现状会有所帮助吗？

玛缇亚斯·赫格特（Matthias Herget）是德国一家保险公司的区域经理。他的团队目前失去了继续前行的信心。公司收益情况曾经一度较好，而现在员工们私下议论颇多，特别是最近一段时间有越来越多的关于新的金融科技及保险科技局面的讨论。这对公司的继续发展会产生怎样的影响？

这些来自不同领域的人们（他们的名字在本书中都做出了部分改动），我都曾和他们交流过或共事过。他们任职于不同的领域，各自面临着完全不同的挑战。但是我们完全能体会他们的处境，因为在这个时代我们都有过相似的经历：负担不断加重，压力不断增加，有时甚至达到了人们忍受的极限。一些人希望情况能够有所改变。一些人总有种身处困境的感觉，不论他们怎么做，工作毫无进展，似乎以前的观点和处理方法都不再正确，旧的游戏规则似乎也已经不再适用于这个时代的新的"游戏"。

面对这样的困境，我们应该做出些不一样的改变，甚至是颠覆性的改变。但是改变到底指的是在哪些方面呢？主要是针对技术领域，还是针对组织结构，甚至是在经济和社会领域进行颠覆？而对于这一切，我们又该如何思考？

　　我们了解的已经很多了，我们已经做好准备，随时准备离开人们所说的那个舒适圈。同时，我们也已经学会了如何调动我们的能量，并朝着一个目标迈进。我们已经集中了注意力，拥有好的时间管理能力，懂得现代有效沟通的方式。但是，我们依然有种不好的感觉，仿佛我们时刻在被驱使和追逐着。我们行使职能，优化管理，并对困境迅速做出反应。但我们依然无法确定，我们的行动在事实上是否具有远见和前瞻性。

旧世界 vs 新世界：高速公路和登山路

　　每一个竞技运动员都知道，每一场比赛的结果都源自他们"脑海中一瞬间的决定"。我们需要对眼前发生的事件有一个内在的想象，设想我们应该以怎样的方式方法采取措施，以及脑海中应该有一张大致的行动导图，将其用来指导我们的日常生活。长期以来，很多人脑海中都有过类似的简单的导图，我们将之称为进步的导图，所有事情似乎都在稳定地直线性地向前发展，似乎行驶在高速公路上，这一条高速公路也成为人们快速发展的主要动力。比尔·盖茨(Bill Gates)就曾用一条高速公路作为其畅销书《未来之路》的封面，这也传递出了这样的信息：我们将要面对的，都是可以预见的、确定的、清晰的事情，你完全可以信赖我们。

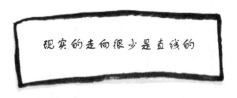

现实的走向很少是直线的

　　这就是旧的世界，旧的范式，在管理和领导过程中传统的直线型的思维方式，在这条高速公路上人们永远直线向前行驶。虽然每一个人都希望如此，但现实中各行各业几乎不可能是直线发展的，各个行业的发展轨迹更像是一条登山路，有高峰有低谷，有各种不确定性，有时视野受限，有时又能看到最美妙的风景，当然，有时也会遇到万丈深渊。

　　我们能感觉到，有些旧的方式已经不再能正常运转，我们也已经看到，某些新的改变在萌芽，甚至有时候我们还能知道它在哪个角落生根。但是，我们却不清楚，这些萌芽最终能带给我们什么结果，我们也无法做出正确的计划，更不用说长期的规划。我们只能从现在开始，试验性地走出下一步。探索未知，穿过混乱，也许某一天，我们就能更好地看见，懂得该如何去做。

　　但是，获取新知的唯一方式就是离开那条笔直的高速公路，去探索未知的地形，带着创造性的思考去尝试那些完全新奇的改变。这才是真正的裂变。

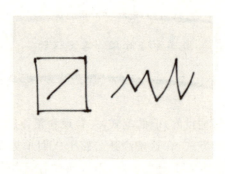

旧世界：
线性的
高速公路思维方式

新世界：
非线性的
登山路思维方式

我们面临的是高速公路还是登山路？线性还是非线性？唯一性还是多义性？一致性还是矛盾性？这些都是不同的世界观，需要不同的策略。这是一场由旧世界向新世界的旅行，这趟旅行不总是那么舒适，因此我们更需要一种"岔道越野行驶的思维方式"，而不是高速公路似的思维方式。这种岔道越野行驶的思维方式就是颠覆性思维。

我们中的很多人可能在很多年前就多次听说过"乌卡世界"（VUCA）：它意味着易变（volatile），不确定（uncertain），复杂（complex）和模糊（ambiguous）。那个时候，人们认为自己能够很轻易地判断原因和结果之间的因果关系。因此，给出行动建议也十分简单。但乌卡世界的理论却认为世界没有那么直观，而且对于会出现的结果也是相当不明确的。2017年年初逝世的波兰伟大社会学家齐格蒙特·鲍曼（Zygmunt

Bauman)就曾说过："如果您认为，您能预料到未来发生的事情，那么到时候，您一定会发现您错得有多么离谱。"

苹果公司是否一直拥有统治力量？

在美国科技公司中，人们经常会谈到"四巨头（四大骑士）"，它们在数字化转型的战场上，作为统治者占据着主导地位。这一称谓是由市场营销学教授斯科特·加洛韦（Scott Galloway）[①]第一次提出的。这四大巨头究竟是谁？谷歌（Google），苹果（Apple），脸书（Facebook）以及亚马逊（Amazon）。它们被认为具有特殊的力量。可能还不止这几个名字，因为一些人可能还会把中国的阿里巴巴或者腾讯也算作其中一员。也许有人会问，如果以市场竞争力和股票市值来看的话，微软（Microsoft）是否也应该被提及？或者还有优步（Uber）？但我们在这里涉及的主要是企业规模、影响力、统治力，以及它所引起的恐惧感，或者至少称之为敬畏。颠覆这些企业的口号就是："优秀 10 倍，敏捷 10 倍，强大 10 倍！"

最初，这个"优秀 10 倍"的想法是史蒂夫·乔布斯（Steve Jobs）提出的。如今，它已成为谷歌重组后的新公司 Alphabet 的创新原则之一。拉里·佩奇（Larry Page）就让他的员工牢

---

① 纽约大学斯特恩商学院的营销学教授，其著作《四巨头：亚马逊、苹果、脸书和谷歌的隐藏基因》一经出版就登上了《纽约时报》和《今日美国》的畅销书排行榜。

记这个原则。世界著名网络杂志《连线》(*Wired*)曾刊文写道："拉里·佩奇生活的哲学就是这个 10 倍。""10 倍可以点亮心中的火焰，这很难不让人感到兴奋，特别是当你发觉，那些看上去本不可能的事情，在 10 倍的信条下都有可能实现的时候。"阿斯特罗·泰勒(Astro Teller)也是这么认为。阿斯特罗·泰勒，"求解 X"(Solve for X)项目大会联合创始人(赞助支持那些对未来有新奇想法的开发人员和创造者)，他还是"谷歌 X 实验室"项目的负责人，该项目的目标在于"使像登月计划这样的创意，通过科技和技术而成为现实——其中包括谷歌眼镜和无人驾驶汽车项目"。

但是这四巨头都不敢百分之百肯定它们是否能一直拥有这种统治力量，或者说这种力量又能够持续多久。这就是颠覆性游戏的一部分，也是一种未知。苹果公司在未来几年还能变出多少戏法？谷歌 Alphabet 公司又什么时候才能通过它的登月工厂真正赚到钱？Facebook 的创始人兼首席执行官马克·扎克伯格(Mark Zukerberg)还会坚持他完全投入印度市场的策略吗？那些竞争者中又有谁有能力真正撼动其他公司的根基？正因为存在这种不确定性，所以要毫不退让地增强自己的力量。也正因为如此，这种对垄断地位的追求才不会被看作是不正当的竞争。与之相反，这就是游戏存在的意义。

彼得·蒂尔(Peter Thiel)，贝宝(PayPal)联合创始人，也是硅谷最聪明的人之一，他曾告诫自己的学生，在打算去任何一家处于传统竞争模式之下的传统公司中任职之前都应该多考虑两次。竞争本来确实不是什么好主意,人们互相倾轧,利润少得可怜,因此工作条件也不会太好。他们应该做一些不一样的更好的选择:创立一家公司,或者选择在一家借助于数字化技术发展,并且有着好的规划的真正有活力、有巨大潜力的公司工作。从小做起,最终垄断整个行业,这就是他给那些想要征服世界的学生的建议。只有企业家,才真正了解企业。

何为颠覆性创新

利润、市场竞争者、市场挑战者——这些关键词都在克莱顿·克里斯坦森创造的"颠覆性创新"理念中被重新提出,有人认为这一理念是过去20年中影响力最大的管理理念之一。正是这一理念,对颠覆性思维的发展产生了深刻影响。

克里斯坦森一直重复提到2种或3种基本思想。根据他的定义,颠覆性创新通常是由中小型企业借助极少的资源设法做到的,"是对那些老牌的有名望的大型市场参与者发起的挑战"。这部分新兴公司诞生于底层价格市场,并能在这些市场站稳脚跟,因为按照克里斯坦森的说法,那些所谓的市场"领头羊"通常会忽视这部分市场。因此,它们的出现经常会被那些备受尊崇的大型企业忽略。如同奈飞公司(Netflix)①1997年起步时,规模很小并且微不足道。

---

① 以在线订阅模式开展的电影 DVD 租赁业务。

颠覆性创新能否取得成功很难确定，即使很多公司都针对它们的商业模式做出了大量的工作，但依然有很多都失败了，只有少数市场入侵者真正成功地撼动了那些大型公司，让它们狠狠地摔了一跤，真正打破了它们的商业模式，并以此为契机崛起。"颠覆还是被颠覆"，这个问题曾令许多大型公司的老板们无比烦恼，柯达（Kodak）和诺基亚（Nokia）也遭遇过这种颠覆。那么，它曾给我们带来怎样的影响？这场入侵之战又会从哪个方向袭来？

人们或许会想到出租车行业中，来自优步公司的那并不总是很温柔的进攻。直到再次读到克里斯坦森的著作，人们才突然想起这一切。克里斯坦森曾在 2015 年年末的《哈佛商业评论》（*Harvard Business Review*）中重新总结并更新了他的思想理论。那时人们才注意到，并不是所有实践家得出的结论都与其理论相符合。严格说来，大型企业完全不希望发展这种颠覆性创新。而根据他的理论，也只有中小型企业有能力做到这一点，但优步的例子就不符合他的理论体系。克里斯坦森认为，优步不属于颠覆性的创新公司，因为它既不是来自底层市场，也不是从新兴市场中发展起来的，而是直接瞄准了主流市场。一方面，优步确实已经对世界上很多国家本土的出租车行业起到了颠覆性的影响。另一方面，可能会有人要问，为什么那些大型公司不能成功打破原有的一系列法则？要实现这一做法可能确实十分困难。

对于这个问题，克里斯坦森做出了强有力的解答，他称其为"创新者的窘境"。几乎所有成功的大型及中小型公司的经理人都一再有过这样的经历,而且几乎每天都在发生。

　　你可能会有这样的感觉:你的组织机构忙得不可开交,顶住很大的压力,满足顾客一个又一个要求,要克服老一套的规矩,工作变得更有效率,更要完成一系列小的改进与提升。你的团队几乎跟不上这种节奏,与此同时,你却发现,一些更快、更敏捷的竞争者在疯狂挤进这个市场。即使仅仅是一瞥而过,你也会发现,那些竞争者中有人开创了一种全新的受一些人十分推崇的商业模式。但是,这一小部分人甚至并不是你的核心目标群,此外,这种新的模式也完全不符合你的客户以及你的员工的预期。这不是属于你的世界,而是属于那些年轻创新者和数字一代的世界。但是,你的团队中却很少有这样的人存在。

　　那么,你要做什么呢? 如果你依然坚持你现在的路线,那么你将失去成功反击竞争者的机会。而如果你转变方向,走向新的道路,那么你又会有很大可能失去你曾经积累下来的客户群,当然你还会赚不到任何钱。

　　这是一个似乎没有出路的场景,一个真正的窘境,一个可能会毁灭你公司的窘境。尤其是当没有人知道,这种新型商业模式能够持续多久? 它是否很快能真正被大家接受? 或者5年后,或者10年后,谁知道到底什么时候呢?

　　即使初创公司也会一再陷入这种窘境之中,也可能因此而遭到覆灭。如果你还在坚持你最初那些疯狂的、具有开创性的但不一定有市场竞争力的念头,那么也许会很难把公司带出困境,并实现盈利。反之你就面临着被动适应的危险,并可能最终消失——或者被那些饥饿的猎人们所豢养的更加野性的"猎犬"撕成碎片。

人们对颠覆性发展的研究越多，就越会发觉，自己被这种窘境影响得有多深刻。

矛盾的实质

窘境意味着，人们必须采取策略性的同时考虑两种自相矛盾的力量而陷入内心斗争。而这种斗争还会继续激化，因为这两种矛盾冲突力量的各自拥护者们都十分确信，他们选择的道路才是正确的那一条，而另一方不是。双方都能够提出充分的理由，一方认为，我们必须首先完成我们的任务，优化自己的生产流程，否则我们会失去客户以及大量的利润。这才是我们目前需要考虑的最重要的事情，其他的一切都是可有可无的，但是我们完全无法确定，它们是否真正能够带来收益。另一方认为，如果我们现在还不大量投入，提升自己的创新能力，并敢于冒险尝试一些彻底的新方式，那么很快我们就不会再有任何机会了，我们必然也不会再有成功的希望。

显而易见，两方中一方代表的是眼前的利益，而另一方则是未来的需求。通常情况下，眼前利益党派，姑且这么称呼他们，在组织机构中拥有最多的支持者，并在各种各样的部门小组中都占优势。

最近几年，我在工作当中经常遇到这种类型的问题。无论是在交通运输行业还是电信产业中，也不管是在金融服务业还是医药科技公司中，我经常被要求谈一谈颠覆性思维，为高层领导设计一次关于创新问题的董事会考核或者研讨会等等。而每次在研讨会进行过程中，我经常会发现，公司更注重的完全是另外一些方面，比如优化问题、运营问题等。

然而在研讨会期间，就会发生某些十分激动人心的转变，与会者会发觉，上述问题并非根源。他们体会到，可以运用创新的方式来解决企业优化的问题，并且，颠覆性思维对于自己组织的未来发展也是十分有利的，只要人们能够鼓起勇气去质疑自己。核心要素在于，能接受问题，并在处理它们的过程中变得更专业，更有创造力。

诺基亚：什么都知道又什么都不知道

"来自芬兰的手机制造商诺基亚，预计到未来多媒体手机行业中会出现一次剧烈爆发的销售浪潮。董事会主席康培凯（Kallasvuo）①在拉斯维加斯说道，2008 年在整个行业范围内将会销售 2.5 亿这样的手机，2007 年多媒体手机的销量还在 9000 万部——其中诺基亚就占了几乎 4000 万部的销售量"，这是一篇摘自《海斯在线》（Heise Online）于 2007 年 1 月的报道。《海斯在线》主要报道的是计算机信息技术和电信行业领域的新闻消息。在这篇报道发表的一个月后，康培凯又

---

①　诺基亚公司前执行董事会主席，诺基亚公司前总裁兼首席执行官。

说道，诺基亚将会占据全球 40％的手机市场份额，因为"没有公司会付出像我们一样的代价来生产手机"。

这位诺基亚前总裁还提到了苹果公司以及它即将上市的新手机（iPhone）。他知道，这部手机的背后隐藏着一种新型的商业模式，但是他对自己的业务深信无疑，并因此还忍不住小小讥讽了一下苹果公司及其手机的发布会，因在发布会上苹果手机主要演示了其音乐服务，"我们十分欢迎苹果公司新手机的发布，但是我们认为，创造一个不那么封闭的系统会更好一些"。

对于他来说，苹果手机只是一个利基商品，不只他，很多人都是这么认为的。微软公司时任首席执行官史蒂夫·鲍尔默（Steve Ballmer）也十分确信，苹果手机"不会有机会"占据大量的市场份额。

2007 年夏天，第一部苹果手机上市，先是在美国发售，后来又到欧洲，以此开启了触摸屏智能手机的时代，也开启了像苹果应用商店（App Store）这样的集中销售平台的时代，一个能同时吸引和联结开发者和顾客的平台。而诺基亚的衰退之路也是从这里开始的。2007 年康培凯的薪资还在加倍，2010 年 9 月时他已辞去了诺基亚总裁的职务。

能看到发展的方向，却看不到发展的结果；清楚竞争对手的产品和商业模式，却不清楚会带来什么样的结果；能领会一些新想法，却不知道它会有多大影响。这就是现实，这个时代竞争的常态，没有人能够说，他不会碰到这样的事情。

当脸书刚进入市场时，谁能真正理解马克·扎克伯格最

初的构思只是打算利用这个平台来满足学生们游戏的需求本
能呢? 当人们只是能够在平台的虚拟公告栏上贴上一些图片
时,谁又能想象得到一个名叫拼趣(Pinterest)①的网络平台有
怎样的用处? 人们是否能够想到,仅仅只是 2011 年一年中拼
趣的网站数据流量就增加了 2535%,并且平台的注册用户已
经很快超过了一亿人次呢?

太早还是太晚?

　　很多年来,德国汽车工业都在讨论可替代的驱动方式,一
些公司顶着自己团队及不少客户的反对,尝试开发电动汽车。
宝马(BMW)专门在莱比锡建立了自己的厂区,用以开发 i3 及
i8 型号的汽车。最初这个电动车制造厂区是被严密封锁的,
没有人能够进入厂区内部,特别是禁止那些可能会反感这一
理念的人群入内,这里体现的是一种创新的整体概念,从自己
的电力生产到碳纤维车身的设计。

　　戴姆勒公司(Daimler)也于 2010 年发布了一款电动货
车,并在 2011 年推向市场,却最终以惨败收场:只售卖出了
1000 台。现在,人们又对一款全新的、有着全方位联网系统
的名为"Vision Van"的商务概念货车满怀信心,但是这依然
是一种冒险。沃尔夫冈·伯恩哈德(Wolfgang Bernhard),他

---

　　①　采用瀑布流的形式展现图片内容,无须用户翻页,新的图片自
动加载在页面底端,让用户不断发现新的图片。

直到 2017 年都是戴姆勒股份有限公司的董事，曾谈道这一窘境："谁来得太早，谁就会失去一笔财富，而谁来得太晚，就会失去整个市场。"

原因似乎在于蓄电池成本太高，而有效续航里程又太短，但情况已经发生了改变，现在的问题主要在于，电动车如何能行驶得更快并提高大众的接受度？问题还在于，为什么一款新上市的全新品牌特斯拉（Tesla）反而能取得成功？特斯拉旗下制造的电动跑车及电动豪华汽车，几年来已经有了相当可观的有效行驶距离。

这令很多德国汽车行业经理人开始思考，即使他们能列举出很多理由，指出埃隆·马斯克（Elon Musk）的理念有很大的欠缺，但是，如何在不确定的条件下，做出不错的且尽可能有远见的决策呢？这个问题依然在折磨着他们。因为人们当前做出了关于车型的决策，但实际的汽车在 4 年或 5 年之后才会被推向市场——或者根本不会推向市场。那么，这期间难道不是什么都会发生吗？柴油危机会带来怎样的后果？这场危机又可能会持续多久？它会严重打击到哪些人？

此外，还存在一个更大的问题，也是世界范围内该行业的所有经理人都致力于思考研究的主题。不仅仅涉及汽车公司，也跟各大供应商有关，那就是：无人驾驶汽车。关于这一主题还有很多尚未解决的问题，其中就有一些直指这种汽车存在的意义。比如说，无人驾驶这一理念会在什么时候以怎样的方式得到大众的普遍认同？我们又必须在公共基础设施或交通系统方面为此提供哪些条件？我们需要提前采取哪些

行动？谁是我们的竞争对手呢？谁又是我们的客户？我们现
有的客户还依然打算购买这些大型的功能强大的汽车吗？或
者,这在未来只是一个利基市场,我们自己也只是利基生产者
中的一员。

　　这种无人驾驶的、电力驱动的汽车,可以供多人共同使
用,不再是私人的所有物,而是属于一个专业的移动交通供应
商,此外,蓄电池的使用也为分散的能源供应做出了贡献——
这是一个真正的大愿景。无人驾驶、电动汽车、能源过渡以及
共享经济如果可以共同作用,这就是一种颠覆。但是也有可
能会有一些因素从中干预这个进程。

创造新型汽车：谁能领先一步？

　　也许是特斯拉？因为特斯拉已经试验了一些车型,并且
埃隆·马斯克有一个大的整体愿景。从汽车制造,到续航能
力强劲的电池生产,再到借助于太阳能砖为房屋和电动汽车
供应能源,特斯拉不断在进行尝试。那些来自旧世界的"老司
机"：宝马、戴姆勒、通用汽车、日本丰田等,它们也早就在策略
上进行调整,以适应于新的汽车世界。也许还会有完全不一
样的游戏者加入进来。

　　在内华达州的特斯拉本应该成为世界上最大的汽车制造
工厂之一,每年应该生产15万辆汽车来占领世界市场份额。
但在此期间由于公司的巨大资金缺口,其生产停滞了,而这也
正是游戏的一部分。"因为这里的竞争十分激烈,就如同当年

对登月的争夺竞赛一般。"米歇尔·赫因克（Michael Höynck）如此评论道，其在德国博世有限责任公司（Robert Bosch GmbH）①位于美国旧金山附近的帕洛阿托的研发中心工作，主要负责无人驾驶项目。

英国人尼克·桑普森（Nick Sampson）曾在特斯拉工作，如同行业内很多精英一样被猎头挖走，如今他在法拉第未来公司担任总工程师，对于未来，他充满信心。他说道，特斯拉只是在数字化的未来中"迈出了敷衍的一步"，它对把汽车作为数字化的互联互通生活的一部分的理念是陌生的，但法拉第未来（FF）会更加勇敢地、坚持不懈地沿着这条路走下去。在 2017 年消费类电子产品展 CES 上，法拉第推出了一辆由电力驱动的名为 FF 91 的豪华轿车，1050 匹马力，车速从 0 到 60 迈只需要 2.4 秒（几乎达到每小时 100 公里），单次充电续航里程超过 600 公里。这些数据，使得这款 FF 91 轿车遥遥领先于其他车型。但问题是，这款车何时才能真正投入使用？

或许一家来自硅谷的初创公司也能做到这一点？比如，一家冉冉升起的名为 Atieva 的电动汽车公司。这家公司的很多高层也是从其他公司中挖来的。比如，曾任职于特斯拉的总工程师彼得·罗林森（Peter Rawlinson）以及曾在马自达（Mazda）和奥迪（Audi）工作的设计师德里克·詹金斯（Derek Jenkins），现在都在这家公司任职，甚至一些曾经的博世工程

---

① 从事汽车与智能交通技术、工业技术、消费品和能源及建筑技术的产业，以其创新尖端的产品及系统解决方案闻名于世。

师也参与其中。他们的任务是,在门洛帕克制造一款昂贵的、速度快的电动汽车,这款汽车应该比特斯拉性能更优越。金钱,在这里扮演的似乎是微不足道的角色。在 Atieva 背后也隐藏着一家中国国有企业——北汽集团(BAIC)。由此可见,中国早就扎根在加利福尼亚了。

　　移动方式的新愿景,既让人紧紧追随,又使人烦恼不堪。从 Atieva 到特斯拉,从宝马、戴姆勒到通用汽车,总能显露出这样的希望:颠覆也好,突破也好,我们都能做到。只不过偶尔也会有忧虑:不知道自己是否站在正路上,是否会遇到更糟糕的事情。"如果人们关注苹果和谷歌公司,会发现它们过去几年都有制造汽车的计划。这些公司认为,汽车工业聚集了一群傻瓜,现在他们再也造不出新汽车了。"以色列科技公司移动眼(Mobileye)的联合创始人阿姆农·沙书亚(Amnon Shashua)这样说道。这家公司主要制造传感器和摄像头,并和宝马以及英特尔公司共同致力于无人驾驶项目的研究。

　　好在埃隆·马斯克至少还准备了第二个移动方式的愿景,那就是超回路列车(Hyperloop),人们可以把它想象为一条真空管道,那些搭载的乘客,乘坐在有气垫作为保护的运输胶囊中,像炮弹一样急速地在管道中运行,从洛杉矶到旧金山 600 公里的行程只需要 45 分钟。超回路列车的行驶速度最高可以达到每小时 700 英里,也就是 1225 公里。在将这个想法付诸实施期间,也有不同的合作伙伴参与其中——德国铁路子公司德铁工程与咨询有限公司(DB Engineering

& Consulting)以及法国国家铁路公司 SNCF。

　　然而，城市交通又会有怎样的改变呢？在这里又有哪些新的移动方式的解决方案呢？也许未来城市中已经不再有足够的街道了吧？有未来学家预测，飞行汽车比无人驾驶汽车会更早出现，这不，谷歌的"小鹰"①已经等待着展翅飞翔了。

大胃王

　　"软件正在吃掉世界"，美国网景公司（Netscape）②创始人马克·安德森（Marc Andreessen）曾经这样说道。对这句话也可以理解为，一些软件巨头的胃口是难以满足的，它们想要吃掉整个世界。比如优步，我们了解到，优步十分具有攻击性，想要不断扩张。优步首先提供了高级轿车服务，然后是网上租车服务，并作为乘客和私人车主之间的中间平台，有策略性和针对性地进一步发展，在一再扩张的同时，不断清除前进道路上的各种障碍及竞争对手。在德国境内，优步的这条发展道路目前不是那么顺畅，但是按照优步创始人特拉维斯·卡兰尼克（Travis Kalanick）的想法，这种情况总是会改变的。

---

　　①　英文名称 Kitty Hawk Corp，谷歌联合创始人拉里·佩奇旗下的飞行汽车创业公司。

　　②　曾经是一家美国的电脑服务公司，以其生产的同名网页浏览器而闻名，2008 年退出。

优步的进攻性不仅是针对出租车行业，也是对汽车工业的一次冲击。卡兰尼克曾公开明确表示："我们优步的目标在于让人们认为使用优步比拥有一辆汽车更加划算。"人们还没来得及喘口气，他又补充说道，优步的终极目标是"使交通网络像流水一般通畅"。当然，这只有在无人驾驶汽车成功之后才可能实现。事实上，现在确实已经不再需要那么多的出租车司机了。优步的租车服务具有无可匹敌的便利性。或者未来还会出现无人机，这就要付出更加昂贵的代价了。但是真到那时，谁还会需要一辆奔驰 E 级车或者一辆宝马 7 系呢？谁还愿意为此支付大量金钱？也许依然还会有若干人愿意挥霍大量金钱，购置一台豪华轿车或豪华跑车，然而谁还会买一辆普通的中小型汽车？除了那些少数的专业的优步车主。人们很容易就能想到，这对于德国的汽车工业意味着什么——正如我们所知，德国至少五分之一的工作岗位都源自汽车工业。所以，戴姆勒公司最终和优步达成一致，并对此感到十分满意，在未来也将在优步平台上提供自己的车辆。但是特拉维斯·卡兰尼克绝不会仅仅满足于汽车工业："如果我们能在 5 分钟之内为你叫到车，那么我们就可以在 5 分钟之内为你做到任何事情。"

人们可能觉得，卡兰尼克的这种想法简直是天方夜谭。但也许我们可以好好回忆一下，几年前的大多数人——我们自己是否也属于这大多数人？——都觉得亚马逊（Amazon）不过是一家网上书店。如今，我们才清楚看到，亚马逊凭借其提供的云服务赚到了最多的钱。亚马逊云计算网页服务目前已经成为亚马逊公司成长最迅速、最赚钱的业务。

设计平台策略时所需的能力，是不同于制定传统的商品或公司策略的。这一点，很多德国企业乃至欧洲企业都不明白，或者是很晚才明白。根据迈克尔·波特（Michael Porter）的五力模型①，人们已经难以取得任何进展了，而"超竞争理论"模型也只能再往前走一小步。人们必须以一种不同的眼光重新学习看待市场、竞争者以及潜在竞争者；必须学会网络化思维，并能够利用网络进行各种游戏。必须对陌生和未知保持彻底开放的态度，在把界限挪向更远的地方的同时，慎重考虑自己的利益，保卫自己的边界；必须既能共同合作，又自私自利。这听起来似乎相互矛盾，但其实是非常系统有条理的。我们还必须对这个世界的多样化及复杂性保持好奇，坚持不懈地聚焦于这些方面。

有预测说，到 2020 年，中国将会有 500 万辆车，以可替代性的驱动方式上路行驶——中国政府将全力以赴，采取各种措施以达到这一目标。比如，电动汽车的购买者将会获得一笔高达 7000 欧元的额外津贴，未来中国还将会在全国范围内建造大约 30000 家充电站。然而，谁来开发制造这种汽车呢？当然，如果可能的话，最好是中国企业，其可以从国际上购买专有技术作为支持。这会是怎样的发展趋势呢？一些人认

---

① 迈克尔·波特认为行业中存在着决定竞争规模和程度的五种力量，分别为同行业内现有竞争者的竞争能力、潜在竞争者进入的能力、替代品的替代能力、供应商的讨价还价能力、购买者的讨价还价能力。

为,应该把一切都在国内建造完成,并且还要以更快的速度做到。2016 年,知行汽车 FMC(Future Mobility Corporation),所谓的未来移动汽车公司,就在以"深圳速度"而闻名的深圳成立,这家公司由腾讯(中国最大的网络科技公司)、和谐公司(中国豪华汽车代理商)以及富士康(电子元件生产商,为苹果公司、英特尔及索尼公司生产电子配件)共同创办。这家新兴移动汽车公司的首席执行官毕福康博士(Carsten Breitfeld)曾提到,公司目标定位是:"我们要成为汽车制造工业中的苹果公司。"毕福康博士曾在宝马工作了二十多年直到 2016 年年初,并负责了宝马 i8 项目,包括毕福康博士在内,还有很多来自宝马、戴姆勒、谷歌和特斯拉的顶尖经理人及开发人员,现在都属于这家中国公司的高层管理团队。这些人的年薪,几乎可以和国际上的职业足球运动员媲美。这样一家初创公司,称其为初创公司也存在争议,因为公司计划在 2021 年内推出它的第一台可量产的纯电动汽车,一台价值 45000 美元的电动越野车。对于毕福康博士来说,问题在于"我们如何才能迅速地"从旧世界来到新世界?我们没有任何来自过去的包袱"。这里不存在所谓的资金窘境,凭借大量的资金以及十分强势的经济实力,选择从小做起也没有什么后顾之忧。

跳出盒子的思考方式

初创公司到底是否能够成功顶住大型公司的压力?也许只有当这些公司进行互联互通的自我思考时才有可能实现真

正的独立。即"跳出盒子的思考方式"或者"跨越界限"进行思考，开发设计解决方案，并与其他合作者建立合作及联盟。那些积极参与者正以一种不同的能力，从不同的角度致力于解决类似的问题。比如，现在到处都是关于"智能"的解决方案，"智能城市""智能家居""智能出行""智能电网"或者"智能医疗"——因此，互联互通就是根本的主题方向。这种随时随地都在要求互联的创新方式，被荷兰创新研究者保罗·伊斯克（Paul Iske）称作"组合的创新"，而斯蒂芬·杨森（Stephan A. Jansen）①则称之为"跨行业的创新"。宝马和英特尔及移动眼共同合作，试图在无人驾驶方面取得"前瞻性"的成果，这难道不正是一种有力的证明吗？

颠覆等同于数字化吗？

　　当然，人们可以在普遍意义上说，数字化转型本身就是一次颠覆性的历史进程，遍及一个又一个工业分支，一个又一个社会领域，从传媒到零售业，从汽车领域到金融服务，从教育产业到医药学等等，这些都属于数字化转型的概念范畴。但根据我的观察，还必须再考虑加上一些其他的因素，比如说要做好准备，去思考那些不可想象和令人惊奇的改变。还要培养一种不仅仅只建立在对科技熟练使用的基础上

---

①　德国泽佩林大学创始校长及负责人。

的能力，而且是达到互联通的应用能力。否则的话，对于每一家坚持推动数字化转型的企业，对于每一家使用可靠的商业模式画布（Business Model Canvas）①的企业来说，颠覆似乎都是极容易做到的。如果这样的话，我们很快就会拥有成千上万家大小型颠覆性组织，但是这显然是不可能的。

这其实也是一种窘境。亚历山大·奥斯特瓦德（Alexander Osterwalder）提出的商业模式画布，几年前也可以算是一种颠覆性的管理创新，很多人因此第一次理解了商业模式这一主题的意义。这确实是一次巨大的令人惊奇的成功，对于其作者来说也是如此。但是现在，这种模式已经成为一种全球化的标准，来自不同规模的公司的上亿人都在使用这一模式，正如其在宣传中所说，颠覆就是一种悖论：所有人都总喜欢用这种模式工作，但是也要意识到，所有的竞争者也都在使用同一种工具来模式化你的创新。

因此，颠覆与数字化是不同的，颠覆性思维，不仅是用数字化科技手段开发一种新产品，一种被营销部门称为划时代的商品。克里斯托弗·克斯（Christoph Keese）②就用一个德国制造的割草机的例子形象地阐释了这一点。这种割草机当然是数字化的，并且能够完全自动化运转，但这种自动化是在

---

① 商业模式画布指的是把商业模式涉及的九个关键的模块整合到一张画布之中，从而灵活地描绘或者设计商业模式。

② 德国知名记者、时事评论员，曾任《周日世界报》和《德国金融时报》主编，现任施普林格（Springer）出版集团执行副总裁。

可能性约束下的自动。这台机器只有在以铁丝网专门为其围着的一块草地内正常工作，才会完全实现自动化。这一切都是因为这款产品并未真正做到互联互通的设计开发和制造。当然，这是一家卓越的德国公司，这家公司就是博世，博世公司同很多公司一样，最近几年在各个层面上着手研究万物互联互通这一全新的课题。

从那些看似不起眼的意外中学习，同时从小做起、从头做起，这才是颠覆性思维的根本道路，这就是所谓的技巧和训练项目。当它们两者相遇时，人们才能很幸运地看到从中产生的巨大成功。

> 我们缺少的不是数字化，而是万物互联

数字化的产品、数字化的生产过程、数字化的销售渠道、数字化的独立解决方案等，所有这些都不是我们需要考虑的重点问题，我们的问题存在于其他方面，我们在日常工作生活中极少进行互联地思考、研究、工作、游戏以及试验，不论是在大公司还是小企业的标准下都是如此。我在同那些高层管理人员工作中体会到，不论他们是来自大型垄断集团还是中小型企业，所有人都对万物互联感到惊叹。这一点在现在十分受重视——不论是在研讨会的邀请函中，还是会议的议事日程，或者是管理层的准则里都会有所体现。但是，每当开始进行日常工作时，人们又总会采取孤立的思维方式，优先考虑区域性，缺乏对边界话题的责任意识，他们会说，这是我的项目，我的度假屋，我的孩子。——"吕登沙伊德先生，我的鸭子是不会和您分享同一片水域的"①。但事实上，实现互联这一过程，至少不会比我们总是要先对自己领域内的产品和工作分等级负责，然后才能取得成果所花费的时间要久。在研讨会期间，和其他同事一起进行小组活动或者晚上一起喝杯酒互相了解，几乎所有人都觉得是一种别致的体验。也许三个月后，工作结果还是会跟旧时一样，但是人们依然会惊奇地发现在这期间自己和小组成员的改变。

黑天鹅、独角兽和彩色大象

　　"不论人们是生活在大草原中，还是在文明国度的居民区，都会听过那个夸张的把蚊子变成大象的故事。"这是改编自卡尔·梅（Karl May）②小说的电影《温尼托》第三部（*Winnetou 3*）中的一段台词。但现在，如果说这种夸张也属于这场颠覆游戏中的一部分呢？很多重要的数字化游戏参与者的颠覆性策略，

———————————

　　①　德国动画片中一个动画人物所说的话。
　　②　卡尔·梅：德国作家，擅长撰写异域探险故事，并因此声名远播，温尼托就是卡尔·梅笔下的一个虚构的美国原住民英雄形象，表现了印第安人和白人移民之间的冲突。

都建立在一种夸张、一种超越、一种希望之上，希望能够比传统公司更快、也更不一样地成长发展起来。在这个意义上，颠覆意味着要从小小的蚊子，变为一头更加强壮的大象。

这不可能吗？从解剖学、生理学、生物学来看，这也许确实不可能，但在数字化的、互联的、虚拟的世界里，这是极有可能实现的。按照彼得·蒂尔的说法就是"从小做起，成为垄断"。正如脸书、亚马逊、照片墙（Instagram）做到的那样。

那些新产品的发布会，预示着很快会出现新的大事件，强调"下一个新鲜事物"，总能引起大家的惊叹。但当您讨论大象的时候，千万记得"别想那只大象！"①

然而，成为一头大象的道路还很长。在等待转变的道路上还有一个源自人类幻想的物种：独角兽。众所周知，我们经常用独角兽来描述那些年轻的公司，它们已经过了艰难的创始阶段，并且公司市值已经超过 10 亿美元。听起来情况还不错，过去几年已经同时出现了大批这样的公司。优步就属于其中之一，还有爱彼迎（Airbnb）、声田（Spotify）、埃隆·马斯克的太空探索技术公司（Space X），备受争议的大数据公司帕兰提尔（Palantir）或者还有中国的独角兽公司小米和滴滴出行。还有快拍，其标志是一个黄色的精灵，2011 年的时候还没什么用处，但现在已经令大多数青少年沉迷其中。在

① 这句话出自乔治·莱考夫的著作《别想那只大象》。他用"别想大象"这个例子说明，在语言大战中战胜对手的方法很简单：千万不要用对方已经不断重复强调的关键词。

这款应用中，上传的照片每隔几秒钟就会自动消失，留下的只有回忆。独角兽公司的名单在最近几年还在快速增长，投入其中的资本数量也在不断增多。在任何情况下，人们投资的都是那些有着新奇的想法和无限潜力的公司。

这些潜力，既是可能出现的增长，也是看起来似乎不可能的巨大增长，更是一种期待，期待那些最初像蚊子一样小的初创公司，能突然在某一天实现童话般的指数级成长，当然同样增长的还有投资的资本。这就是一种幻想和利益的组合。也许公司会顺利取得成功，这种商业经营模式听起来也充满希望，全体员工满怀信心、斗志昂扬，网络效应也是可以预见的。让我们大胆猜想，我们可能正位于整个坐标系的盈利区域，那么，就说明我们投资的这种商业模式是成功的，可以展翅高飞了。换句话说，初创公司最终就是变成了黑天鹅。正如风险管理理论学者纳西姆·尼古拉斯·塔勒布（Nassim N. Taleb）描述的那样：所有人都只见过白天鹅，但是不知何时会出现一只黑天鹅，它会引发混乱，使人不知所措，只有我们不会，因为我们就是赌它会出现，但是真正会发生什么，我们当然也是不清楚的。

可以确定的是：大多数初创公司都失败了。柏林等各大城市都经历了初创公司的爆发，但无法掩盖的事实是，大部分都昙花一现，只有很少一部分新兴公司颠覆性地得到了市场的认可。保守估计，100家企业中最多只有20家可以设法做到在竞争中生存，而其中又只有更少的公司有能力、有魄力真正做到了颠覆。到底哪一些公司能做到这一点，我们最初是不知道的。已知中的未知，永远伴随着那些市场参与者。"我们以前不清楚，该如何面对这些未知"，延斯·米弗曼（Jens Müffelmann）说道，他在推动施普林格出版社（Springer）①的数字化转型中起到了至关重要的"先锋"作用。

这意味着困境的范围又扩大了。如果你进行了大量的投资，可能会赢得巨大的难以想象的回报。或者，你也可能会亏损一部分，这点更容易想象得到。毫无疑问地，大多数保守的企业家都更小心谨慎，并且会再三思索，是否要加入这场颠覆性游戏之中。但是，他们也必须考虑到，不加入的话，总有一天他们会被新的创业者取代。但是，这种发展方式在历史中也没有任何先例。因此，我们也许可以在一些艺术作品和案例中寻找一些隐喻。因为有时候，在已知认知中，我们似乎完全不能理解这种发展方式，而这时，如果能用生动的案例来简单地加以解释的话，或许能给我们一些启示。

出乎意料好喝的柠檬特调

您是否听说过"柠檬特调（Lemonade）"？回答一定是听说过。这是女歌手碧昂丝（Beyoncé）的一张专辑的名字，很多人认为这张专辑是碧昂丝最好的一张。这张专辑中充斥着愤怒与毁灭的情绪，同时也如德国《时代周报》评论的一样，是

---

① 全球第一大科技图书出版公司和第二大科技期刊出版公司。——译者注

"一场关于和解的力量的视听盛宴"。此外,这个可以缩写为Limo的英文单词,维基百科将其定义为"一种不含酒精的,加糖且多数情况下含有碳酸和柠檬汁液的软性饮料。最初,柠檬特调是一种加水稀释后的柠檬果汁"。

柠檬特调,其实还是一家保险公司,2016年在纽约创立。作为一家初创公司,它从一开始就备受关注的原因就在于它的创新性,柠檬特调只用一些朴实无华的言语解释道:"柠檬特调推翻了传统的保险模式。我们把你支付的保费当作你自己的资金,而不是我们的资本。在柠檬特调中,一切都是简单且透明的。我们只收取一部分固定费用,以极快的速度处理索赔,最后会把保费中剩下的部分捐献给你关心的慈善事业。"

这正是颠覆性的数字化创新的典范——更透明、更高效、更敏捷、更简单。我把它称为TESE原则[①]。柠檬特调公司就是起步于一个细分市场之中,起步时规模很小,公司最初将产品销售目标定位在房主和租客上。收费率和其他费用都是完全透明的,取消了中间人环节。保费的偿付与手机上的一个App应用捆绑在一起,一切事务都能够快速直接且灵活地得到处理。给人留下新鲜、简单且可靠的印象。

仅仅是这些特征就已经让人十分感兴趣了。因此,这也使得一些著名保险代理人十分恼怒,另一部分人急得额头冒

---

① TESE原则:更透明(Transparenter)、更高效(Effizienter)、更敏捷(Schneller)、更简单(Einfacher)四个德语单词首字母的缩写。

汗。他们会觉得：有了这种工作方式，还需要我们做什么呢？还需要我们的办公大楼做什么呢？还需要我们建立的如此庞大的官僚组织做什么呢？

存在非凡破坏力吗？

我们已经讨论了狭义的颠覆，这些颠覆，都是我们通过各种创新、技术的突破、新型的商业模式联结起来的，其中大多数都与数字化有关。但是，这也只是一种可能的视角。

人们也可以放弃这种视角，选择从另一种不同的角度，正视这个时代普遍存在的社会大变革。来自麦肯锡全球战略研究院的三位董事就这么做了，并将他们的研究成果以书的方式进行整理并出版。这本受到埃里克·施密特（Eric Schmidt）[①]高度赞扬的商业畅销书，书名就叫作《麦肯锡说，未来20年大机遇》，它的名字中似乎具有某些让人敬畏的力量。我多次听到一些经理人探讨这本书。您已经读过这本书了吗？这是一本意义重大的书！事实上，本书中包含很多有趣的研究成果，它含有丰富的案例，并做出了很好的调查研究。尽管如此，当我看完这本书之后，我还是要问，到底什么是"非凡破坏力"？真的存在"普通的破坏"吗？作者谈到的四种发展力量真的能正确表明"颠覆"的概念吗？这四种力量指的是城市化、技术

[①] Google前CEO、著名电脑工程师，现任Alphabet公司（Google母公司）董事长。

的加速变革、人口结构的变化以及不断增强的全球联系。毫无疑问，这些确实属于强有力的社会发展趋势，我们在本书之前就已经说过。并且，它们肯定在某些方面隐藏有颠覆的潜力。但是，这样的表述不是太空泛了吗？

特别是书名中就已经显露出一种论调，并一再在文章加以强化："我们知道！"我们知道，将会发生什么；我们知道，有哪些趋势以及什么将会被打破；我们知道，它会通向什么地方。你必须相信我们的调查研究，然后购买我们的咨询项目，那么你就会知道，接下来会出现什么，你就可以精力充沛地迎接这种转变。即使道路并不总是平坦，但总是向上行进的。那些干扰性的问题，也已经从我们的模式中清除出去。"因此，这个新世界将会比它所替代的那个旧世界更加富有，更加城市化，技术更加发达，人们也更加健康。身处其中，人们可以利用强大的创新来解决那些长期存在的挑战，并且为全球的创业者提供无限的机会。"好吧，对这样的话，人们就只用问自己，如果我们可以提前预知所有的事情，那么他们到底为什么在这里谈论"颠覆的"发展力量？这完全是 20 世纪的咨询师们陈旧过时的思维方式。"颠覆"在这里只是"咨询师的新衣"，他们永远不会承认，他们其实什么都不知道。他们除了会错过颠覆的真正本质以外，什么都不会。因为，打破我们已知的东西，才是颠覆的本质，也就是已知中的未知。

著名剧作家阿瑟·米勒（Arthur Miller）在《推销员之死》中表示，如果那些突如其来的事件颠覆性地改变了正常生活

的轨迹时，会出现什么结果，故事中的主人公就是这样——这
是一个能干的普通人，当然可能也不是那么能干，在经历了日
常生活中一系列突发事件后的最终崩溃，他一直对美国梦的
实现深信不疑："每个人都能实现梦想。"这部写于 1949 年的
剧作，很值得人们重温一遍，因为书中的故事跟我们每个人都
有关系，在当今社会仍有重要意义，而不仅仅是在美国。

德国储蓄银行，同人民银行一样，属于少数几个在金融危
机中也无任何不良记录的金融机构。它的商业经营模式不是
以投机活动作为基础，而是建立在稳定的储户存款之上，更确
切地说，是建立在同样稳定的针对普通人的信贷之上，也就是
人们所说的小人物，如工人、个体经营者、零售商、中小型企业
员工。然而，这种经营模式，最近一段时间以来也深陷巨大的
压力之中，这种压力不是来自于新兴的 IT 行业的金融服务提
供商、金融科技公司（Fintechs）或者贝宝等公司，而是来自完
全不同的方面，即：欧洲中央银行的低利率政策以及马里奥·
德拉吉（Mario Draghi）①宣布实行的要长期坚持低利率政策。
它们的高层管理人员虽然强调说，至少还有 400 家德国储蓄
银行的经营状况相比于那些大型银行较好，如德意志银行
（Deutsche Bank）或德国商业银行（Commerzbank），更不用提
意大利西雅那银行（Monte dei Paschi di Siena）以及其他深陷
困境的意大利银行了。虽然银行的金融交易仍在盈利，但在

---

① 意大利著名的经济学家、银行家，曾担任意大利中央银行行长、
全球央行主席、欧洲中央银行行长等职位。

公司的会议上,特别是在内部工作人员的私下交流中却流露出这样的信息:高额利息的投资和贷款正在逐渐流失。人们必须对逐渐减少的盈利做好思想准备,因为紧接而来的就会是岗位的减少以及一些分行的关闭。那些来自保险行业,从事人寿保险业务的同行对此就有亲身体会。消极的情绪从上到下不断蔓延,甚至一些人会有这样的印象——仿佛我们已经陷于一个几乎毫无希望的困境之中。过去几年为了在短期内消除这种危机而采取的很多干预措施,看起来却更像是一剂再次激化了这种危机的猛药。这剂猛药,对于一些企业来说——对于那些依然相信银行能继续运营的储户,对于那些想要为未来做点事情的小型基金会,对于那些打算个人养老及个人担保的人们,对于那些满怀着"一切都是可以做到的"这个梦想的德国推销员们来说,都是一剂会慢慢加剧的致命毒药。

那些由于这些预防措施而陷入焦虑,并试图了解接下来到底会如何发展的人们,在过去几年内肯定不会很快乐。因为有这样一则消息:目前 10 年期的政府债券的红利首度跌破零点。也就是说,谁把钱借给了国家,谁就必须付出得不到任何回报的代价。而国家却因此无偿地得到了这些借来的资金。这是否是那些狡猾的政客在了解了经济学基本知识后所采取的策略?毋庸置疑,欧洲这种低利率阶段总有一天会结束,因为美联储就已经调整了它的政策。但人们想要从专家那里了解的是,接下来会如何?他们读了越来越多的文章,然后发现,那些德高望重的经济学家和各大银行的首席经济学家的观点完全不一致——不仅是在建议人们最好去做的事情方面，而且在对现状的分析上也各不相同。

这种持续如此之久且利率如此之低的状况，到底应该由谁来负责？由中央银行吗？或者更深层的原因是否在于，世界经济已经处于"每百年一次的萧条"阶段？或者我们即将面临的是长久的经济复苏期，一个深受科技和社会变革影响的新的经济周期？欧洲央行（EZB）多年首席经济学家奥特马·伊兴（Otmar Issing）在 2016 年夏天的一次采访中说道："我们只能祈祷，这些方法不会成为空谈，否则总有一天，下一个经济泡沫就会伴随着一声巨响而破裂。"

一些来自中国的市场参与者，会从特殊的需求出发和长期的策略考虑来看待这种发展趋势。他们想要做到的是，要让那些加利福尼亚的公司在"中国长城"的阻挡下变得不那么强势。比如，优步就已经无奈地屈服了，并将它的业务转让给了滴滴出行。而谷歌和其他公司的进展也没有变得更好。在中国，人们懂得去等待，但也许等来的只会是下一个更大的泡沫？

那么，投资人这时要做些什么？以前，每当遇到经济不稳定时期，他们就会囤积黄金，现在，很多人都将目光转向了比特币，一种只在互联网内流通的货币。很长时间内，比特币越来越被当作黄金的替代品，2016 年比特币的价值转瞬之间增长了 120%，这是一种令人惊艳的指数级增长。但是，比特币又是否会比原子弹更安全呢？

转型更是可持续性的

难道真的不存在一些东西，是人们能够一直坚持下去的？也许一些值得信赖的公司和投资人，是人们可以一直依靠的？就在几年前，人们还会毫不犹豫地说，德国的汽车工业值得信赖，特别是大众汽车，就像一家银行一般安全稳定，但现在也不再是了，以后呢？

那么，德国其他的汽车公司呢？它们还应该继续坚持使用柴油发动机吗？对于电力驱动汽车又应该做出多么有力的补助？无人驾驶汽车何时才会得到普遍接受？人们究竟怎样才能够在今天就决定，未来 3 年或 5 年之后将会推向市场的车型？一家处于领先地位的德国汽车制造公司的董事曾告诉我，对于很多经理人来说，忍受这种未知是很痛苦的。所有人都有一种预感，汽车工业可能已经处于"其历史上的最大变革时代"。2017 年卸任的欧宝（Opel）汽车股份有限公司 CEO，卡尔·托马斯·诺依曼博士（Dr. Karl-Thomas Neumann）曾说过："接下来 5 年中发生的变革，可能比过去 50 年中发生的都多。"

或许，你会想起那些令人骄傲的德国能源巨头，比如德国莱茵集团（RWE）。于尔根·格罗斯曼（Jürgen Großmann）成为总裁的时候踌躇满志，因为他的梦想实现了。他想要一直"走在前面"，但结果却是公司逐渐衰落。从 2011 年 3 月日本福岛第一核电站泄漏事故到 2016 年夏天，短短 5 年的时间，德国莱茵集团的市值就缩水了70％。那些曾经让集团大赚的火力发电厂和核电站，都已经成为负担，2015年德国莱茵集团就为此支付了高达20亿欧元的折旧费用。那么问题似乎变成了，集团新总裁彼得·特勒(Peter Terium)能够将集团从破产的边缘中拉回来吗？这不仅是德国经济史上最严重的公司破产事件，而且也是德国公司中最明显的一次颠覆。虽然没有真正破产，但颠覆确实已经发生，至少人们开始理解克莱顿·克里斯坦森所说的"颠覆是一种过程"这句话的含义。这种潜滋暗长的颠覆行为，最初与数字化或者来自初创公司的"进攻"没有任何关系，它更像是不同因素影响下的一个结果，特别是受日本福岛事件以及默克尔总理能源政策的转变的影响。接着Innogy公司上市，作为德国莱茵集团的子公司，Innogy公司的主要业务范围为清洁能源发电，上市时发行总额大约50亿欧元。这再一次震惊了大多数人，突然之间，Innogy公司成为德国估值最高的能源巨头。直到这里，我们才发现，集团当前的转型不仅仅是数字化的，更是生态环保的。这种转型，最初几年可能并不是很重要，但是它具有重要的历史意义。

> 转型不仅仅是数字化的，更是可持续的

　　新的商业模式、新的产品和服务都必然是数字化、内部互联互通的，并且还必须是可持续的。它们必须能够在一个复杂的、几乎看不清周围情况的环境中发展，它们必须同混乱的规范和法律条款进行周旋——再加上消费者混乱的行为。因为很多消费者，可能对能源方面的问题完全不感兴趣。因此，颠覆在这里成为一场布满障碍的十分艰难的马拉松赛跑，一些人会倒在终点前最后几米。

　　人们必须对很多事情进行细致的、跨界的、跨行业的思考，并且还必须保持思维的简洁。很多时候，对于顾客来说，重要的既不是能源也不是数字技术，而是透明度、贴心的服务、友善的邻里关系以及日常生活的减负。如果在此基础上，还能有能源供应的话，效果就会越来越好，正如实验性的纽约"邻里微电网项目"，或者阳光蓄电池制造商（Sonnen）以及电网运营商滕特公司（TenneT）的试点项目，都已经获得了较好的经济效益。那些老牌能源公司现在突然发觉，它们未来的商业模式看起来既不同于它们过去的模式，也完全不同于它们自己的策略师所提出的方案，尽管那些人还曾作为初级顾问，在麦肯锡学院所在的位于奥地利基茨比厄尔的豪华酒店中，专门培训学习过"经济真正运转的方式"。

英国脱欧是一种颠覆吗？

　　"这感觉就像是目睹'9·11'一样"，那些英国朋友们曾这样说道，他们在投票站关闭后的几个小时内一直目不转睛地注视着屏幕上的投票结果。人们可能觉得这个比喻不甚恰当，但是对于很多英国人来说，2016 年 6 月 23 日的投票就是一场巨大的打击——一次伴有不可预见的经济后果的政治大地震。甚至连那些支持英国脱欧的人们也没有预料到这个结果，正如人们所看到的英国首相鲍里斯·约翰逊（Boris Johnson）的反应一样。即使专业的博彩公司在投票前一天给出的脱欧概率也只有 25%。

而在这之前一个月，英国历史学家尼尔·弗格森（Niall Ferguson）就在位于伦敦附近的格罗夫酒店内的谷歌开发者大会上，做了一场名为"时代精神"的讲话，警告大家警惕，不要低估民粹主义的危险性，特别是在那些创新圈子。同时，他还指出，过去几年，西方还出现了一种面对全球化感到越来越不安的情绪。"尽管大多数像我们一样的人并不能理解"，弗格森在他名为"论民粹主义的决定性因素及其对我们时代的启示"的演讲中如此说道，他认为，对于胜利的一方来说，"现在已经到了他们该设身处地去感受，换位思考，去体谅其他那些没有像他们一样胜利的人们的情绪的时刻了"。这时，距离美国大选还有 6 个月。

然而，那些支持英国脱欧的人为什么会成功？唐纳德·特朗普（Donald Trump）的胜利又意味着什么？奥地利的联邦总统选举呢？德国选择党（AfD）①的支持率上涨又意味着

---

① 德国新成立的新政治运动团体，以抛弃欧元为核心目标。

什么？那些管理课程中讨论的数据和事实会在哪里出现？或许会出现在未来创业者的成功指南之中？或许会出现在那些数字化"传教士"的"颠覆还是被颠覆"剧本中的某处？为什么颠覆会如此受到排斥呢？

英国脱欧和特朗普的成功，当然不同于颠覆性创新或者科技突破。它们也不是一种社会变革，只是打破了原有的认知。一些人将这种现象当作一种信号：如果人们采取民粹主义的行动，那么一切都会更进一步，那些有秩序的政治框架将发生改变，包括民主的组织架构和它的公共机关。

而一些人从积极的角度来看待这个问题，如《每日邮报》（*Daily Mail*）的记者昆廷·莱特斯（Quentin Letts）就认为："突然爆发的这种完全的混乱，当然也是很好的。它就像一张拼图，几乎不可能恢复原状，但好在现在也没有人知道拼图原来的样子了。"

颠覆的特朗普

激烈的国际税收竞争、被干预的贸易关系、惶惶不安的贸易和联盟伙伴、恼怒的被伤害的政敌、一再受到干扰的各种关系以及各个国家、各种文化之间的紧张关系——这些正是唐纳德·特朗普在演说中所提到的。这符合他在一档备受其推崇的节目《综合格斗》（*Mixed Martial Arts*）所学到的东西：我们为了胜利而奋斗，用尽一切方法。"当一个大国这么做的时候，其他国家都会像多米诺骨牌一样一个接一个倒下"，据说这出自经济学家迈克尔·德弗罗（Michael Devereux）和艾伦·奥尔巴赫（Alan Auerbach）之口，他们共同参与制定了特朗普的税收政策。如果冲突进一步继续呢？我们不知道下一刻会发生什么。我们也不知道，特朗普以前是否碰到过，因为一场完全创新的——即使并不被期待——由民主的拥护者和革新者组成的运动早已经出现，它既是一场民族的运动，也是一场全球化的运动。

客观来看，特朗普就职总统是政治舞台的一次颠覆性发展，仿佛没有格斗竞技的体育运动的舞台一样。自特朗普竞选以来，他并不受大多数人重视。虽然所有党派的著名掌权人都曾注意到他的行动，但却低估了他的冲击力。特别是他们低估了，他用他的激情和少数简单的信息就把大众的情绪——人们也可称之为用户需求，调动了起来，并且他准确抓住了民众的基本需求：社会需求和安全需求，而这正是那些知名人士所没有重视的部分。

那些批评家和评论家总是一再指出，特朗普的演说内容常常是自相矛盾的。比如，我们曾在《南德意志报》对特朗普第一次外交政策的演说的报道中读道："尽管特朗普（这次）完全按照提词器在念演讲稿，但依然矛盾百出——这使一切都更加错乱。"然而，特朗普的这种自相矛盾其实是合乎逻辑的：他依靠直觉条件反射一般地遵循着大众的舆论情绪，那些由于社会和政治的矛盾而产生的，在一部分民众之间积聚起来的舆论及情绪。

在原来建立的政治制度想要抹平或者粉饰这些矛盾的

地方,民粹主义者们会把它们强硬拉回到大家的视线之中,毫不犹豫地一个接着一个地煽动矛盾。面对这些矛盾,人们自觉碰到了问题的要害,认为自己就仿佛是救世主现世一样可以解决这些矛盾和问题。

这是一种对颠覆性思维痛苦的认识,也是一场战斗。这场战斗是不能用暴力手段决出胜负的矛盾之战,它要帮助自己的政党取得胜利,不论是在硅谷、华盛顿还是北京。战斗的结局基本不会是那种我们在高层研讨会中喜欢的双赢局面。更确切地说,它与格斗竞技中一些实际情况相似。冠军只有一个,另一个总是被痛打一番然后回家。这种格斗通常是有固定规则的。但是,民粹主义者不会理会这些规则,他们会在实际中应用综合格斗技巧,他们会做那些在电视剧《纸牌屋》中成功政客所做的事情。他们也只会做得更加公开,他们会公开表明,虽然是用手势传达:我代表的是普通民众的利益。所以,特朗普成功了,因为这位世界上最有权势的政客长久以来的所作所为似乎都在表明,这里一切都很顺利,这里不存在任何矛盾,他的国家是世界上最好的地方。

马克龙,明显也将这一切掌握得很好。他将哲学理念同格斗竞技技巧结合在一起,他身上有种矛盾精神。他表明了他不仅有可能阻挡民粹主义的进攻,而且还能将进攻的力量转移,为自己的前进所用。而这一切的前提是,他能成功将改变的愿望同民众寻求保护的需求(以及安全稳定的需求)以一种可靠且智慧的方式紧密结合在一起。自2016年以来，我们所能看到的法国发生的一切，都像是出自那些讲述颠覆的教科书一般。第一章就叫作：想进攻者之所想，并抢先行动。第二章叫：没有人能够预见，这场运动会走向何方。马克龙把这场运动称为"革命"，看来，在政治事务中也需要一点夸张。

这时，一些人可能会提出反对意见，认为这离我们太远了。我们只想在更狭义的层面，也就是限制在经济现象内，来理解颠覆的概念。我可以理解这种质疑，但是我不能将其分开理解。因为不论是谁谈到颠覆时，都不应该将这个词语的意义仅仅限制在这么一个对他来说过于专业的学术领域之中。现实是不会遵守任何人为设定的界限的，或者用叔本华（Schopenhauer）的话来说就是：一个理论，如果人们在字里行间听不到哀哭切齿的声音，就不是一个好理论。

即使克里斯坦森在他的文章中偶尔会进行学术范围内的论证，他也会在演讲中打破这些边界。在维也纳第八届彼得·德鲁克论坛（Peter-Drucker-Forum）上的一次谈话中，他提到过一次研讨会，这个研讨会是他在美国国防部专门为高级政府官员和高级军官举办的。一些参会人员开始并不能很好地理解他的颠覆性创新的理念。除了一位国防部部长威廉·科恩（William S. Cohen），他在现场画了一条曲线，他认为国际恐怖主义正是典型的颠覆性的例子。为了能够抵抗这些袭击者，保卫我们自己的国家，人们必须要站在他们的角度思考，模拟他们可能会采取的攻击，并从中学习总结经验。这份报告也得到了克里斯坦森的赞许。

政治经济学家约瑟夫·熊彼特（Joseph Schumpeter）早已在他的"创造性毁灭"理论中提到了非经济领域之间的相互联系对经济发展的重要意义。现在，经济学家们是时候——以新的方式——致力于研究这种相互联系了。正因为如此，谷歌和脸书，确实凭借它们的登月计划深入了经济以外的其他领域。网络、社会媒体、"智慧城市"项目、无人驾驶汽车、新的加利福尼亚大学和其他数字化的教育倡议计划、新的指数级增长模式等——这些都是超越经济学的项目。这些项目，早已渗入了文化和政治领域。这些理念，在其思想领袖彼得·蒂尔、埃里克·施密特、特拉维斯·卡兰尼克等人不断重复表达的观点中得到加强，而传统的政治活动和国家机关，此时就更像是前进道路上需要找机会绕开的绊脚石。这难道不也是属于颠覆的主题吗？

扎克伯格现身 VR 眼镜发布会

六百多年前，一些佛罗伦萨的公民，开始对有个人厌烦：他经常出现在洗礼堂门前，用他稀奇古怪的镜面设计仪器在那里瞎捣鼓，严重打扰了那些周日在那里散步的人们。他，就是金匠和雕塑家菲利波·布鲁内列斯基（Filipo Brunelleschi），他在1400年到1416年间一直试图以试验的方式加强对视觉的了解，并最终彻底改变了我们对视觉的理解。这项深受他的试验影响和推动的创造——透视投影出现在近现代初期，这项具有创造性的、艺术方面的革新，按照人们如今的说法，属于"游戏规则的颠覆者"——它出自建筑师之手，始于建筑业和手工业，又以此为起点迅速传播，在经济领域也产生了颠覆性创新的影响。它在接下来几十年、几百年内，渗透进了几乎所有现代社会的学科和领域之中。

那么如今呢？我们是否再次面临着历史性的视觉角度转换？我们的视觉和对世界的理解是否处于一次新的彻底变革的阶段——或者这场变革早已经开始？比如三维视觉的新创造？谷歌眼镜就证明了，人们可以以一种全新的方式扩展他的视野范围。之后，谷歌在宣布暂停谷歌眼镜项目时，对它的用户这样告别道："感谢你与我们一起探索。探索之旅仍未结束。"谷歌指出，项目的暂停只是为了开发更加多样的企业应用项目"Glass at Work"。宝马，就是第一批在其生产制造过程中投入使用了谷歌眼镜并进行测试的德国汽车制造企业之一。在此期间，使用这种智能眼镜几乎已经成为很多企业工作的常态。德国邮政（DHL）集团首席执行官弗兰克·阿佩尔（Frank Appel）就打算给所有邮递员配备这种眼镜，目前仓库及配送中心的工作人员已经在这种智能眼镜的帮助下工作了。增强现实（AR）和虚拟现实（VR）被视为工业生产中的"智能助手"，无论在生产研发和规划中、培训中、维修和保养的质量管理中，还是在市场营销、推广发行、商品交易会中，这款眼镜都能起着很好的辅助作用。

现在我们应该能明白，马克·扎克伯格2016年2月在柏林为虚拟现实眼镜"Gear VR"做的宣传。在这场三星系列手机的发布会上，很多人都佩戴这副眼镜进行了体验：弗

兰蒂·施普林格(Friede Springer)①、马蒂亚斯·德普夫纳
(Mathias Döpfner)②、马丁·舒尔茨(Martin Schulz)③,这情景
看起来十分怪异,扎克伯格却显得很高兴,因为他也确实因为
他的社会活动受到了普遍称赞。这就是当今游戏式的颠覆行
为。让所有人震惊的《宝可梦 GO》(*Pokémon Go*)④游戏的成
功难道不也是一种颠覆吗?或者还只能算是一个更加伟大的
成功的先驱之作?

　　当我们习惯于沉浸在三维的世界里,我们是否能想象得
到这一切带来的变化?一个全部由数据构建的维度,其中只
有我们——或者说平台运营商想要的数据?剩下的那些多得
几乎会让人眩晕的画面就由人工智能对其进行某种加工处
理、分析、解释以及改变。机器会变成一种玩具吗?或者说人
工智能本身即是一种新的维度?我们要怎么对待这种世界的
转变?我们是否就这么告别旧世界的透视投影方式,并且做
到多维地去思考?或者我们可以将这些都交付给新的智能机
器吗?

---

　　① 德国报业集团阿克塞尔·施普林格集团(Axel Springer)创始
人遗孀,掌控着德国施普林格出版社,旗下拥有德国发行量最大的日报
和一些很受民众欢迎的小报。
　　② 施普林格集团前首席执行官。
　　③ 曾任欧洲议会议长。
　　④ 由 Nintendo(任天堂)、The Pokemon Company(宝可梦公司)和
谷歌 Niantic Labs 公司联合制作开发的现实增强(AR)宠物养成对战类
的知名 RPG 手游。

颠覆性创新的关键：设计和游戏

那些为杰出的加利福尼亚科技大公司工作的管理者们做得更好的是什么？他们成功的秘诀是什么？我经常问自己这个问题。是因为他们熟悉数字化技术，有着高超的技术能力吗？确实，这一点他们做得很出色。但是，也有很多德国、日本、中国、印度或者韩国公司管理者，也很好地掌握了这一项能力。那么，是因为他们的胜利者心态吗？无疑，这也确实是一个重要的因素。但是这一心态，其他公司也并不缺少。那又是因为他们全球化的思考方式，以及对网络的世界及平台的动态变化逻辑有更卓越的理解吗？是的，在这方面他们肯定拥有着优势地位，但也并非是决定性的因素。

那么，肯定存在着其他的关键因素。在考虑到过去几年内经济领域出现的很多颠覆性发展之后，我认为这一关键因素就是，他们懂得设计和游戏的思维。这一理念深深影响了他们的策略、商业模式，尤其是影响了他们的心理与思维。而相比于数字化转型，这更多的是与创新革命有关。游戏似的开始意味着，你并不知道，游戏会如何结束，因此你必须全力以赴去赢得胜利，允许失败，可以失败，甚至必须要失败。因为只有失败过，才能够重新站起来。游戏似的开始也意味着，要懂得转变角色，能够站在进攻者或者防御者的角度考虑问题，甚至也许可以在两者间切换。事实上，要在所有方面都能够玩得起，保持自己的节奏，并将这种"随时切换"融入自己的血脉之中，当然，还要尽可能提前思考下一步的游戏策略。我把这叫作"增强创造力（augmented creativity）"。这也是一种颠覆性思维。

出色的设计为这个策略性的游戏带来了一种更宽阔的维度。一个事物的外形会被当作性能的一部分。结构、触觉、感官的及美学的特征不再只是外部的附属，不再是最后的设计环节，它更需要设计者从一开始，就将这一理念融入生产过程中。人们不仅是要找到正确的道路，而且更要追求一种完美的解决方案。所有公司，如谷歌、亚马逊、脸书、优步，都在致力于寻找这样的解决方案，一种可以使身处这个复杂世界的其他人的生活变得更轻松、更舒适、更简单，也给他们带来更多的欢乐的方式。

> 乔布斯天才般的想法：将工程和设计结合在一起

在这个领域内，史蒂夫·乔布斯（Steve Jobs）当属其中毫无争议的狂热先驱者。他的想法，人们几乎可以称之为天才般的策略，就是他将工程制造和产品设计结合在了一起，通过不同学科之间的组合，将电脑变为一种还从未出现过的、集复杂性与极简于一身的产品，操作像游戏一般的简单。他的一生——不只他作为苹果公司总裁的那段时期，都在践行这个理念。这曾是颠覆性的，并且他做得也越来越好：iPod（音乐播放器）、iPhone（苹果手机）、iPad（平板电脑）以及创建App Store（苹果应用商店），一个针对手机应用设计的平台。这些都是颠覆性的，因为它们创造了新的市场、新的角度、新的行为方式，也因为它们在更简单的同时为用户提供了更多的选择。Less，but better. 少，却更好。

在这一点上，有人可能会提醒，这种想法最初其实并不是起源于乔布斯。它来源于德国建筑师和工业设计师迪特·拉姆斯（Dieter Rams），他多年来为德国博朗公司（Braun）工作，深刻影响了公司的产品和发展理念。是的，乔布斯和他的首席设计师乔纳森·伊夫（Jonathan Ive）确实都是迪特·拉姆斯的狂热粉丝。当人们把两家公司的一些产品并排放在一起来看，就会发现，这种外形上的相似并不是一种偶然。

乔布斯小时候住的房子，包括周围居民区的房子，都是由极富想象力的建筑师和房地产开发商约瑟夫·埃奇勒（Joseph Eichler）设计建造的。约瑟夫·埃奇勒的灵感主要来源于建筑师富兰克林·劳埃德·赖特（Franklin Lloyd Wright）、路德维希·密斯·凡·德·罗（Ludwig Mies van der Rohe）以及德意志工艺联盟和包豪斯的设计理念。史蒂夫·乔布斯一再强调，父母的房子及整个建筑风格是多么吸引并影响着他。他曾向他的传记作者沃尔特·艾萨克森（Walter Issacson）这样讲道："埃奇勒做得很好。他造的房子整洁漂亮、价格低廉、质量优秀，他把干净的设计和简洁的品位带给了低收入人群。"乔布斯还继续说道，"我喜欢把很棒的设计和简便的功能融入产品之中，而且不会太贵……这是苹果公司最初的设想，我们在制造第一台 Mac 电脑时就尝试这么做，并在 iPod 上实现了这个设想。"我想，史蒂夫·乔布斯在他之后的产品中可能忘了"不会太贵"这个初衷，但这可能是另一个不同的故事。我们确实也忘记了一些东西，比如，您可以在任何一座德国大城市向任何人打听一下包豪斯。

　　优秀的建筑，干净简洁的风格，为这个越来越复杂的世界带来了愉悦，这戳中了很多人的渴望。因此，当谈到 21 世纪颠覆性创新时，就必须要谈到设计和游戏，否则就没有意义。这就像，人们谈论 20 世纪企业组织时，避开管理分类一样毫无意义。

边界上的新生

　　几年前，创客空间 Betahaus，还只是位于柏林克罗伊茨贝格区的公主大街上一个鲜为人知的地点，就像其他共享办公空间和创新实验室一样。当每一个经理人来到这里，参加我和同事们组织的一项类似于学习之旅的活动时，都会感到糊涂：这是一个有点不一样的作为未来实验室的咖啡馆吗？因为上面写着："创造价值，远离传统办公室。"但是又不敢相信眼前看到的一切：太多东西像是临时拼凑的，无秩序的，混乱的。甚至还有带 3D 打印机的办公桌。好是很好，人们可以在这里租一间房间，感受一下新潮的创客空间的氛围——但是，这也算是一个严肃认真的商业模式吗？"是！"Betahaus 联合创始人克里斯托弗·法勒(Christoph Fahle)一定会坚定地回答这个问题，"我们是一个由文化驱动的空间。"因此，当德国杜伊斯堡钢铁交易商 Klöckner 的首席执行官吉斯伯特·吕尔(Gisbert Rühl)在 2014 年提出想要全新地，甚至是尽可能颠覆性地变革钢铁贸易的想法时，他就和他的两位同事一起搬到 Betahaus，进行了为期半年的工作。在此期间他们还在柏林建造了一间自己专属的创新实验室，推动钢铁交易的数字化进程以及相关平台的搭建。有人甚至计划在柏林建立一个共享办公空间，让那些中小型企业可以在其中学习了解数字化进程——"就像 Betahaus 一样"，吉斯伯特·吕尔这么说道。

又比如声云(Sound Cloud)，柏林最成功的初创公司之一，致力于音乐用户之间进行音频文件的交流和分享业务。如今，声云不仅仅只是作为共享办公空间和创业者中心，更想要成为工业领域和初创公司之间交流沟通的俱乐部。

新事物总是先出现在边界，而且也只会在那里出现。它通过与各种不同的事物相互碰撞，并且不断跨边界地发展，最终获得新生。这是人们无法强求的，但人们可以主动做到彼此观念相互碰撞，创造可以实现新生的空间，但是，空间与空间也不一样，存在那些能够实现新生的空间，也必然存在那些会阻碍新生的空间。这都与设计思维有关，不同设计的空间风格会传达一种不同的思维方式。

这是三种基本元素相互作用的结果：科技、设计、社会的相互作用，也就是说超越边界的共同创新。我觉得，在世界上众多创始人和革新者聚集的中心,到处都能感受到这种科技、设计和跨学科交流之间的全新的互动。也许在全世界范围内产生的会是一种颠覆的社会运动——就其在破坏性、创造性,以及联结社会不同领域的意义上来说。(即使参与其中的人都可能会意识不到)

坏消息和好消息

首先,是一些坏消息。我认为,如果我们不懂得如何将科技、设计和社会相互作用下产生的新的思维应用进我们的策略,那么我们将很难在未来的竞争中取得优势。我还认为,只采取一些应急的措施以及引入数字化的工具来改进组织管理,希冀以此来应对颠覆性发展——同时尽可能减轻压力并消除对颠覆的恐惧,将不会取得什么成效。这其实是一个更加长期的过程,我们需要进行学习,不仅仅是去硅谷学习,更应该有一趟修心之旅。

当然,有一些措施是人们可以立即着手进行的,也有一系列工具是经受了时间的考验的,人们可以很快投入使用(其中有一些我会在之后进行具体的介绍)。但是,与其说颠覆性思维是一套新型的工具,不如说它是一种扩展了的思维模式。它与培养新的适应能力,获得更强的可塑性有关,能够为我们创造更多的自由和选择。

而这种新的适应能力需要人们承认未知领域的存在,从事复杂性事务,为各种意想不到的事做好准备,并将一种新的专注力投入日常管理工作中。"为意想不到的事做准备"这一理念，不仅适用于我们自身，还适用于我们的组织机构，那就是：

◆ 锻炼面对未知的能力

◆ 走向边界

◆ 使矛盾富有创造性

◆ 将科技和设计能力结合于一体

◆ 从设计中学游戏、从游戏中学策略

◆ 设计极简的解决方案

通过这些方式，我们就会得到好消息了。因为，未知中蕴含着极大的能量。我们可以进行试验，检验那些不寻常的事件，进而发现新大陆。所有的探险发现家和创造者都知道这一点，并在很多组织机构中加以实践。因此，我很喜欢讲一对英国父子的故事，它出自于英国人类学家格雷戈里·贝特森（Gregory Bateson），故事是这样的：

> 我曾经认识一个英国的小男孩，他向他的爸爸问道："父亲是否总比儿子知道得多？"爸爸回答道："是的。"小男孩不假思索地接着问道："爸爸，谁发明了蒸汽机？"爸爸回答道："詹姆斯·瓦特。"然后儿子说道："但为什么不是詹姆斯·瓦特的父亲发明的呢？"

当人们同时进行试验和发明时，当那些原先分散的且互相陌生的不同学科和领域的信息也互通融合时，这种力量就会变得更加强大。这种跨界以及看似对立的聚集能力，已经成为 21 世纪的关键能力。我们需要一种全新的智慧的组合，就如机械电子学或者电动汽车一样，也就是学科之间新的组合，比如自然科学和艺术、工程和设计、手工业和学术理论的融合。

但毕竟也存在一些事物，是历经时代的洗礼却始终不变的。比如，能够做出一个好的策略，即卡尔·冯·克劳塞维茨(Carl von Clausewitz)①所说的：惊人的想法加上坚定的执行力。这就需要二元对立的思维方式，不仅是为了更恰当地表述，更重要的是为了使所想成为现实。

那么，上述所有任务中最困难的也许是，毫不畏惧地试验那些和我们想法矛盾冲突的实践。比如一种与我们原有的商业模式背道而驰的经营模式，其甚至有可能将原有的模式毁灭——如果任由竞争对手将其推行市场的话。人们为什么不能抢在别人之前，自己将这种模式推向市场呢？用经济学行话总结就是"同类蚕食"。但在这里完全不是指那种攻击性的反人类行为，而指的是一种策略性、前瞻性的明智行为，是一种抢在对手之前的方案。

足够的勇气——加上罗宾汉②的能力

---

①　德国军事理论家和军事历史学家，其经典作品《战争论》被誉为西方近代军事理论的经典之作。

②　英国民间传说中的英雄人物，有着高超的射箭术。

iPad 对于苹果公司来说，就曾是这样一种方案，尽管一些人警告过，它可能会"侵吞"手机的市场。还有那种极简的、由电力驱动的、行驶里程更远的、拥有游戏似的实用功能的汽车，对于其开发者来说，也是这样一种方案。选择这种方案需要很大的勇气，人们必须在别人行动之前对自己提出质疑，有时候，还为了质疑那些不希望别人对其质疑的人，必须要像罗宾汉一样一箭正中靶心，当然这只是开玩笑。

最重要的是，人们必须有勇气，真正开发一些优质的、全新的东西。"优质"不仅指的是其在功能性、实用性的方面，还指的是其在伦理的、美学方面的优质性能。尽管我们常常忘记后一方面，只盯住其功能性做文章，但这在未来的竞争中是不够的。谁想要在颠覆的游戏中获得成功，就必须致力于寻找一种完美的、尽可能持久的解决方案。

但是，是否以这种方式发展，就一定是真正的颠覆呢？没有确切的答案。也许只要它能为顾客创造比原来更大的价值，就是一种颠覆；也许只要它还能为社会创造价值，就是一种颠覆；也许只要它能解决人类的问题、减轻痛苦、减少麻烦，就是一种颠覆；也许只要它足够简洁、能带来欢乐且价格合理，就是一种颠覆。

锻炼面对未知的能力：三个基本认识

面对未来，我们需要有一些简单的认识。首先，我们要如何为颠覆做好思想准备？

◆ 颠覆性发展的本质在于结果的不可预见性。我们可能看到它的发生，但我们无法预知它的走向。"颠覆"这个词就预示着破坏，破坏以往的道路——以此打破我们以往的经验。

我们所要进行的不仅是一次硅谷之旅，更是一次完全深入未知、陌生和意外之中的学习之旅。因此，创造一种能够激发组织和员工的工作和学习环境，是非常重要的；锻炼面对未知的能力也是非常重要的。只有那些被企业很有把握且自信地推向市场化的产品，通常才有机会得到大家的认同。

记住：您想要稳定？那么您就不要插手任何颠覆！

◆ 颠覆性发展会带来混乱，引发对抗与抵制。破裂被组织和个人看作是一种矛盾。确实，颠覆是一种矛盾，并且让人难以忍受，总有人会提出异议、抨击、反对一些不同的见解。颠覆让很多知名人士陷入窘境。

因此，我们必须做好两手准备，双管齐下。我们应该学习如何将一种非此即彼的选择，变为一种两者皆可的成果。让我们一起试验，一起冒险。并且要像每一位登山者一样，要时刻注意着，绝不能失去脚下安全的立足点。

您想要推动真正的颠覆性创新吗？那么，做好一切应对不测的准备，颠覆自会到来。

◆ 不能简单地将颠覆性发展归为科技的革命，甚至连我们从狭义上看待颠覆性创新时，也不能说其是一种技术的变革。没有创造性的思维，没有新的组合和互联，没有策略性的解决方案，就不是真正的颠覆性创新。而没有以人为本的科技发展也是盲目的。

我们只有摘下科技的眼镜，通过另一种视觉来看，才能发现颠覆的本质。我们在理解数字化转型时，也要同时将其看作一种创新的革命。

您还想要用科技创造颠覆吗？忘了它吧，因为所有人都在做这样的尝试。尝试下其他不一样的！

四条颠覆性思维策略

人们能够学会这场颠覆性的游戏吗？

颠覆性的游戏中充斥着出人意料的对立、矛盾、悖论。它就像《爱丽丝梦游仙境》中，爱丽丝遇到的那场古怪的槌球游戏："你完全不知道，人们打得有多么混乱，完全不遵守规则，比赛用的东西都是活的。比方说，当我马上要把球打进门得分时，那个球门却跑开了。"

这种典型的窘境，让那些著名的大企业特别混乱。是继续采取原先经过考验的策略，还是转向一种潜在挑战者可能运用的完全不同的策略？两个决策中任何一个都无法令人满意。

是否还有出路？肯定有。

◆ 我们要站在别人的角度考虑问题，不仅仅是客户的角度，还要站在潜在竞争者的角度。我们可以扮演他们的角色，模拟他们可能的游戏策略，通过试验和探索，我们成了字面意义上的黑客。很多公司，如德国电信、德国邮政银行或者博世公司，都组织了"黑客松（Hackathons）"，邀请创新型的人才和 IT 专家编程"黑"进自己公司的系统。以此种方式,他们不仅认识到自己的漏洞,而且还知道了竞争者可能采取的策略。一些公司甚至呼吁自己的员工试验性地攻击自己的商业模式,寻找志愿者来扮演竞争者,他们需要指出公司易受攻击的地方。这些人最终往往会自己发展出一种新型的商业模式,甚至可能还会成立一家新的公司。

◆ 将竞争者拉进自己的阵营之中。同那些已经成立的初创公司合作,并向它们学习。人们还可以在收购初创公司时,传播它们的创新精神,正如传媒业巨头施普林格所做的那样。"初创"首先意味着"从头做起"。小企业开始通常都是很弱小的。马蒂亚斯·多夫纳曾说过:"我想要带领我们员工重新做一回学生。"

◆ 在任何情况下,都要做到正视陌生的未知,寻找与不同学科和领域的交流,并为此创造空间和机会。这个机会往往源自,利基市场之中的极小的萌芽,但却要有互联的思维模式,以一种新的组合和合作,跨职能且跨行业——并且还要看到未来规模化的可能,才能将这一萌芽发展壮大。

◆ 平台最重要。大多数数字化时代的颠覆者们尽管在市场上常常被评为重量级人物,但他们自己本身却没有那么重的分量,他们的重要性都是源自各种平台。

世界上最大的出租车公司没有一辆出租车(优步)。

世界上最大的房屋租赁公司没有一间酒店(爱彼迎)。

世界上价值最高的交易商没有任何存货(阿里巴巴)。

这份名单非常有名，想要跻身于联盟之中，人们需要策略性的能力和优秀的员工，对此，人们必须摒弃那些固有的信念。火箭网络公司（Rocket Internet）①创始人奥利弗·桑威尔（Oliver Samwer）就这样说过："我们已经拥有数字化的技巧，我们只用搞定剩下的部分就好。因此，我们就是在颠覆。在德国，我总是被人问道，特斯拉是如何成功地制造汽车的？它完全没有长达百年的制造经验。确实，但是它完全可以从丰田或者宝马中挖一个擅长此道的人。'抄袭复制'丰田模式，完全不需要 100000 个丰田员工，它们只用从 100 个最聪明的人中挖来 20 个就够了。在所有行业中，即使再大的公司，也能通过这种方式被颠覆。"

八条颠覆性思维原则

我们要从何开始？

◆ 从已知的文化转向已知和未知共存的文化——试验并进行新的组合。

◆ 非线性的思考方式，对意料之外的、不合常规的、令人吃惊的事情做好准备。

◆ 创造工作环境和空间。人们能够在工作环境中跨职能、跨部门地相互碰撞、互相交流，思考不一样的东西——共

---

① 一家德国企业，是全球最为成功的初创企业孵化器，但因依靠"抄袭"手段迅速崛起，也引发了广泛的争议。

同试验,并允许失败。

◆ 站在客户和潜在竞争者的角度考虑问题,对他们的经历、痛苦和渴望感同身受——并进行探索。

◆ 接受矛盾的存在,并将其作为新的解决方案的源泉——质疑自己并以别人的眼光看问题(反之亦然)。

◆ 通过各个层面进行思考和行动——纵向的、水平的。

◆ 制订一份集数字化、颠覆和设计为一体的日程(一种新的"3D日程"①)——汇集各种观点和角度,以便创造出真正的价值。

◆ 制订解决方案,主要特点包括:高效、透明、互联、游戏般轻快、美学和简洁。

还有一点:或许是最后也是最重要的一点

我们经常会有这样的感觉,世界的复杂性正在不断增强。因此,我们都有一种对极简的向往。如果要我做一个预测的话,那就是未来无论是产品的革新还是社会的革新——都有一种出乎意料的简洁性。它们满足了我们对于极简的渴求。

很多好的事物都是简洁、朴素、纯粹的。就像苹果公司的iPad,当它刚上市的时候,很多人对它一笑置之,但是后来事实证明它操作起来异常简单,但却功能齐全。当然,它很简

———————————

① 数字化(Digitalisierung)、颠覆(Disruption)和设计(Design)首字母均为D,所以被称为3D日程。

洁、智能,功能齐全并且美观,特别是它的用户界面设计也是如此。

很多公司都会谈到用户的重要性,但只有苹果手机,才真正做到了站在用户的角度,替他们考虑,并认真对待他们的渴望。德国著名工业设计师迪特·拉姆斯的一条格言就是:"少,却更好。"正是这种游戏似的设计,在未来却有越来越大的影响,不仅仅是在产品和商业模式方面。这也许就是最重要的颠覆的一课。最后的最后,第一个实用的要求:

> 要出乎意料的简单!

思维导图

颠覆性发展的两面性

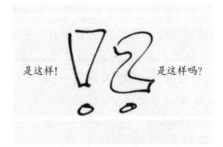

是这样!　　是这样吗?

矛盾是颠覆的根源

黑天鹅

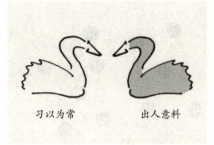

习以为常　　　　出人意料

黑天鹅代表完全不在人预计范围内的发展和事件，但是能产生
深刻影响。（根据纳西姆·尼古拉斯·塔勒布的理论）

数字化的转型旋涡

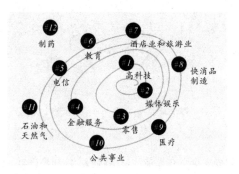

是这样吗？或者只需要尝试去熟悉那些陌生的领域？

（根据思科 Cisco 和瑞士 IMD 商学院的研究）

关于"不"的规则

如果人不曾迷惘过，那他就不会有任何发现。

（保尔·瓦雷里①）

---

① 法国象征派诗人，法兰西学院院士。作有《旧诗稿》《年轻的命运女神》《幻美集》等。

混沌和秩序

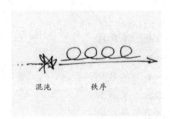

有时为了创造划时代的新事物，人们必须先要深入混沌之中。

下一级阶梯

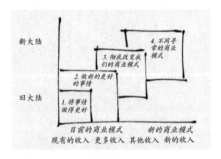

创新的不同形式——不同颠覆级别上的创新

创新的投资组合

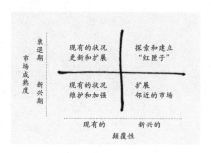

根据首席创新官罗班·范·莱恩(Rob van Leen)
等对荷兰皇家帝斯曼集团的研究。

我们应该把注意力集中在哪里?

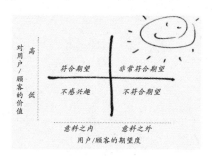

颠覆性思维使那些能够创造更多价值及带来更多欢愉的
事情成为可能,并且将其尽可能地持续下去。

不同模式的组合

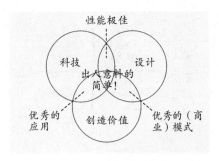

一切的关键在于多种因素的相互作用

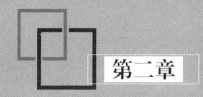

第二章

循规蹈矩和另辟蹊径

> 组织的目标和任务在于，发挥出其成员的长处，并使其成员的缺点互相抵消。
>
> ——彼得·德鲁克

来自各方的压力

在我知道的所有组织中，都流传着这样一句话：我们想要变得更加具有创新性，而且最好是更彻底。我们的变革是为了给自己创造一点点更多的空间，减轻一点点员工和管理部门的压力。因为我们在很多组织中都能明显感觉到：来自各方面的压力在不断增加，市场的压力、成果的压力、时间的压力，以及来自上层的压力，来自同事的压力，甚至有时候是来自底层的压力。

这里可以拿迈克尔·波特的一个比喻来类比，我们正处于一个被完全包围的形势之中。他曾用这个比喻来形容资本主义的状况。但我认为，它对于目前很多组织和高管的状况也是适用的。我们感到自己处于各方的激烈抨击之下，貌似是一种友好的火力攻击，但事实上有时候并不是。这种情况很大一部分原因在于，我们总也弄不清楚，应该怎样得体且负责地应对各种更高的要求。这就是过渡时期的标志：旧的方式不再正常运转，而一些新的方式还尚未成熟。

我们虽然听过很多新的方法，也参加过相关研讨会，并在其中试验过一些创新的、更开放的合作形式，但是，在真正的日常工作中,却很难被落实。我们花费了大量的时间去开会、做报告、进行审查评估、陈述展示、制作 PPT,却只是为了完成几个充满各种警告的图表,试图以此来避免我们的项目遭到威胁,伤害到自身。因此,我们常常会有这样一种感觉:"好像再开一次这样的会议,我就会死去一样。"

我们能感觉到,有一些东西是必须改变的,也就是要创新。我们必须要把这项任务置顶,使之成为那些首席执行官的各种日程事项中必须首要完成的任务,我们要把它融入企业的主导理念中,融入领域或部门的目标之中。这听起来很不错。

打破常规,勇敢喊"停"

确实,转型与新事物联系在一起,同我们的习惯相矛盾,而我们可能更偏爱我们原来的习惯,我们的组织也是如此。组织,不管从哪种方式来说,都是很保守的——它必须保守。因为它必须为一个团队的工作指定一个清晰的框架,一个明确的方向,然后沿着这个方向一直走下去。就像有人所说的:"我们赖以生存的不是土地,而是习惯。"

这一点对于个人和组织的日常工作都是十分适用的。我们把那些经过证明的、非常有效的习惯带到我们的日常工作之中,使事情变得简单而高效。因为这就只是一个个机械重复的过程,而我们不必考虑太多。我们可以对其进行优化,使它的运转更加顺利和灵活,然后我们就可以加快我们的执行速度。但是,这就要求我们要全神贯注地进行每一个行动,不能左顾右盼,特别是当我们要同时或者短时间内相继完成多个常规的工作时。不知从何时起,我们就像仓鼠,不断地在滚轮上跑动,而且,我们一旦踏上了"滚轮",就很难再解脱出来。最近,我居然听到有研究说,仓鼠十分喜爱它们的滚轮,它们本就不愿停下来。但这对于我们人类来说是难以忍受的,尤其是当压力增加的时候。

　　这就意味着——与新事物联系在一起的是这样一件事情:我们无法轻易地打断一个专注于跑圈的人,无法促使他提出新的想法,甚至是完全革新的想法。如此看来,我们是没有任何机会的。但我们也许可以多提醒他们,如果再继续这样下去企业组织是无法正常运转的。我们必须打破、中断那些常规和习惯,勇敢喊"停"——即使只能做到很短的时间。在这个时代,高层最重要的任务之一,就是打破常规,并且为新事物创造时间、空间。

　　如果您绝对不想看见任何新事物出现,那么您就一定不要让任何人打破常规工作,并且不要浪费任何多余的、友善的、赞美的话语来鼓励人们独立思考。但其实,积极正能量的转型应该是表扬那些真正跳出框架思考的人们,那些敢于质疑等级分明的管理制度,那些独立的、不随波逐流的、叛逆的人们。特别是在这个万物互联的时代,没有打破常规、另辟蹊径,便没有真正的颠覆。是的,颠覆就是打破常规。

旧世界 vs 新世界：封闭思维与网络思维

下面我就要给出颠覆性思维的第二个基本导图，也是数字化转型和创新革命的第二个导图。

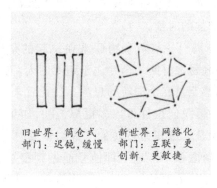

旧世界：筒仓式　　　新世界：网络化
部门：迟钝，缓慢　　部门：互联，更
　　　　　　　　　　创新，更敏捷

改编自乌尔里希·温伯格《网络思维》

从旧世界走向新世界，意味着从滚轮式的工作方式转向网络互联的方式。或者说，是从筒仓式的封闭扁平组织转向网络式开放互通的结构。封闭扁平组织即那种按字母排列的从 A 到 D、从 E 到 H、从 I 到 M 等的抽屉式顺序，也指的是按职能或部门分类的清晰分割式的管理，各部门之间几乎没有任何联系（各部门逐级向上汇报工作，并且专注于它们偏爱的领域）。而从另一方面来看，我们可以发现一种不同的思维方式：网络思维。

共同创新逻辑正是颠覆性发展的核心

事实上,这种思维结构几乎拥有一切优点。互联互通为创新提供了意想不到的、几乎无限的可能性。网络思维就像潜在的发电厂,能够为新事物的爆发提供能量。每天、每小时、每分钟的某处就会有一些新事物出现,比如,一种新的商业模式,一种新的服务理念。我们知道那些潜在的竞争者或者未来的社会变革者会在哪里出现吗?这种网络思维正是颠覆性发展的核心及推动力。它就像催化剂,能使事物发展得更快,它创造了一种在组织中具有敏捷性的模型。

无声的起义

传统的职能组织难以跟上当前发展的速度,它们的动作通常是很迟缓的,需要更久的时间来接受新事物的出现。正如那些提出彻底革新建议的人们所经历的那样,组织对此给出的反应常常是冷淡拒绝的。它拒绝听到新的声音,十分反感那些叛逆者。

从扁平筒仓式到开放的网络形式,新的世界更加具有创新性。这不仅仅是形式的变化,更是一种突破形式、突破结构的变革。可以这么说，这是一场创造性的人类智慧与旧工业社会的结构之间的无声对抗，并且这场起义对抗不是昨天才开始的，而是早已出现了。

1984年1月，在转播美国橄榄球超级碗（Super Bowl）决赛场的中场休息期间，观众们看到了一段令人震惊的广告。这段一分多钟的视频（相比于一段正常广告来说时间有些过长）展示了这样一个场景——明显也是在影射当年——广告中，一大群人目不转睛地盯着一个巨大的屏幕，仔细倾听他们老大的讲话，他的头几乎占满了整个屏幕，他的讲话充满权威，语调毫无抑扬顿挫之感，听得使人麻木。这种看似统一和谐的场景最终被一个年轻女人打断，她身穿红色运动短裤，目光坚定地快速跑过人群，直奔大屏幕而去，最后将一柄铁锤重重砸向屏幕，发出一声爆裂的响声。这时画外音响起："为什么1984不会变成《1984》①？"这其实是苹果公司麦金塔电脑（Macintosh）的宣传广告，也是一次对当年的"老大哥"IBM公司的宣战，对那个曾经占据垄断地位的、毫无创造力的计算机公司的宣战。苹果公司生产的不仅仅是一个商品，更代表着一种不同的态度和观点，一种不同的生活方式。正如麦金塔团队完全不同的工作方式，员工在努力工作的同时还保持游戏性。他们的口号是："努力工作，放肆玩乐。"当时还不曾有人想到，这样的一句口号在日后得到了怎样的诠释。

---

① 英国左翼作家乔治·奥威尔于1949年出版的长篇政治小说，在这部作品中奥威尔刻画了一个令人感到窒息的恐怖世界。

非同凡"想"

几年之后,苹果公司再次提及了拍摄这段广告的动机,并增强了其主题意义。表面上看,这是一个产品的广告,但同时,它还提倡了一种不一样的工作和生活方式。因此,这段广告被很多人看作是另一种形式的宣言(即使当时史蒂夫·乔布斯自己还不被看作偶像)。

1997年,重回苹果的乔布斯与制作出《1984》广告的公司再度合作,推出了"不同凡想"的广告语,在宣传中,他这样说道:"致疯狂的人。他们特立独行,他们桀骜不驯,他们惹是生非,他们格格不入,他们用不同的眼光看待事物,他们不喜欢墨守成规……因为他们改变了寻常事物,他们推动人们向前迈进。或许他们是别人眼中的疯子,但他们却是我们眼中的天才。因为只有那些疯狂到以为自己可以改变世界的人,才能真正改变世界。"

不按常理出牌的人和组织

这些激昂的话语,如今听起来可能有些奇怪,但是它所传达的核心意义对于每一个组织及其管理者来说,都是至关重要且具有现实意义的。

沃顿商学院的组织心理学家亚当·格兰特(Adam Grant)把那些疯狂的人的行为称为"离经叛道"。他要求在组织管理职责中有更多这样不按常理出牌的人，更多的离经叛道者。亚当·格兰特说，没有他们，就不会有改变，不会有颠覆，更不会有"创造性的破坏"。不按常理出牌的人，按照亚当·格兰特的理解（并且他还引用了很多例子来解释）：他们不是特别引人注目，不是那么显眼或者醒目。他们做自己的工作时，是非常遵守纪律的，而且更谦虚。但是，他们不会随大流，走别人踏出来的道路。他们有他们自己的想法，极具创造力与学习能力，他们才是目前组织需要的人才。

埃里克·施密特（Eric Schmidt），谷歌前董事长，在他的书《重新定义公司：谷歌是如何运营的》中这样写道："我们必须重新学习，颠覆我们曾经对于管理学的思考。"经理人的时代已经过去了，今天，那些创意精英将会一步步占据他们的位置。当然，这是一种典型美国式的（一个经理人的）夸张。但是，事实确实也是这么回事。这是一场悄悄进行的革命，得到了那些所谓 Y 世代代表人物的支持，而这些人正在着手大规模地改变合作的形式。就像那句口号所说的：为什么努力工作不能更具有创造性，并带来更多的乐趣？

"只有新的理念，新的解决方案，创造性的思维和行为模式以及知识的发展，才能在未来行得通。"沃尔夫·洛特（Wolf Lotter），作为第一批指出思维经济以及创新革命意义的学者，曾这样说道。他还认为："这是一场两种无法兼容的组织结构之间的博弈：一种是以产业资本为驱动，而另一种则以知识理论为基础。"

2009 年 1 月，马克·扎克伯格就曾在达沃斯论坛上，面对来自全世界的经济领袖发表演说。在他演讲的最后,一位大型公司的总裁站起来问道:"我们怎么能够培养出一个像你们一样的群体?"扎克伯格回答道:"你们做不到。"因为在扎克伯格看来,Facebook 的团队一直坚持在做自己想做的事,是一种独立且自发的组织。自己唯一能做到的是尽可能从旁协助团队成员,使他们变得更好,从而使团队成为完美的组织。在这里,扎克伯格指的是一种不同的组织方式,一种互联的方式,它可以使一切变得更简单,并同其他人建立牢固的联系。但是直到今天,很多企业家依然在问,到底应该要如何进行?互联、极简、创新,努力工作,放肆玩乐,这听起来很不错,但是这种管理逻辑是否能够在一家非初创公司内行得通呢?它又是否能够同之前的组织管理逻辑共存呢?我们是否能够就这么干脆地彻底抛弃旧的组织机构?

　　哈佛大学的管理策略家约翰·科特(John P. Kotter)给出的答案是否定的。我们可以在组织里建立一个不但有网络化,而且也存在传统的系统。他将其称作组织的"双元操作系统",有意地与一种在美国也广受好评的双轨教育制度的原则相契合。这两种方式共同存在,并通过大量交流活动紧密结合在一起。但是,我还有一点要补充:根据我的观察,只有当组织中的管理者们真正允许员工做那些他们期望做的事的时候,这种共存模式才能真正起作用。

独立自主又互相帮助

自治或者说独立自主，意味着存在更少的等级。我们如今可以不假思索地谈论无人驾驶——但是无人管理，很多人认为是一种乌托邦式的空想。这到底是为什么呢？是我们不相信自己的员工吗？还是我们不相信自己？

人们认为，自治和高效的工作方式，对于那些初创公司和创新的 IT 公司来说，才是最为重要的。但这其实只是一种偏见。

在一家公司负责项目管理和人力资源的马可·尼卜林（Marco Niebling）曾在采访中谈道："事实上，在那些等级分明的企业管理中，总是会遇到这样的问题——这是我的任务吗？我到底可不可以做？或者我是否必须问一下我的上司才行？互相帮助在这里是受限制的，因为每一位员工，都有其清晰的岗位职责以及明确的任务说明。企业无法灵活应对更多复杂的任务要求，也因此难以见到互相帮助的行为。人们虽然很想这么做，但常常是不可能的，因为你的上司总会对你说：'这不是你的任务！'而如今，每一个对工作做出自己贡献的人都可以去帮助他人，这也就是说，员工可以根据自己的需要做决定。我们为自己的员工创造了有利的前提，使他们可以真正做到互相帮助。"

超越部门界限

　　跟很多大型汽车制造公司一样,戴姆勒也已经开始为汽车工业中的颠覆性发展做准备,不仅仅是在策略及产品发展方面,在组织管理方面也做了很多的准备。戴姆勒公司前董事长迪特·蔡澈(Dieter Zetsche)说道:"我们不仅打算推动自己产品的转型,而且还准备促进组织机构的转型。"在 2016 年巴黎汽车展销会上,他还曾透露,在接下来几年当中,"将公司 20％的员工划分到某一群体组织中"。从现在开始,大约应该有 1000 名独立于部门界限的员工致力于研究未来的汽车机动性。该组织倡导的理念是 CASE,C 代表连通性(Connectivity),A 代表无人驾驶(Autonomous Driving),S 代表共享(Sharing),E 代表了电动汽车(Electromobility)。同时,尤为重要的是"理解并加强不同领域之间的相互协调"。在企业自身的范围之内达到一种互联互通的合作。蔡澈希望,在未来几年,一种新的管理文化可以在企业内部实现。打破旧的结构,进行不一样的合作,以及没有部门界限的互联的工作,使庞大的组织也能够有更多变化且更加灵活——这是他对自己公司全体员工的要求。现在,起点已经搭建好了,接下来又要如何继续?人们是否能够坚持到底?又要如何带动那些没有参与进群体组织中的人们呢?

小小萌芽长成参天大树

设计思维是通过提出有意义的创意和想法，来解决问题的方式，它产生于这个时代的社会变革影响之下。它是简洁性和复杂性的高度统一，最突出的代表就是 iPad。

设计思维就是一种社会变革，随着科技的发展而发展。它完全是以人为中心，并且同时伴有大量数字化技术和万物互联技术。设计思维学院的老师和学生在工作时，都会使用不同的数字化设备和工具、共享办公平台及社交媒体。像 Slack①、谷歌文档（Google Docs）等等，这些对他们来说都是最基础的工具，就像调色板之于画家的意义。他们也可以用这些工具进行游戏。他们能够自主挑选，使用那些在他们眼中合适的技术或工具——这些技术不仅适合团队中某一项特定任务，也适合不同客户之间的共享办公或者团队之间的交流沟通。这一点是十分吸引人的，但如果我们的大脑和双手可以不使用任何设备进行工作，而是通过彼此之间的配合与协调完成任务的话，可能会更吸引人。

而这就是设计思维的起源，其来源就在于各种组合、不同学科之间的碰撞、"硬事实"和"软因素"之间的协调互动。设计思维，就产生于工程学和设计之间擦出火花的那一刻。

---

① 一种企业内部沟通协作平台。

设计思维一个重要的践行者就是史蒂夫·乔布斯,他是第一批明确实践设计思维这个概念的人。另一个人在斯坦福大学教授、设计思维公司 IDEO① 的创始人之一戴维·凯利(David Kelley),当他和其他设计师谈到思维锻造师的摇篮IDEO 公司时讲道:"让我们将那些我们为苹果公司工作时学习到的东西搜集起来",公司员工与苹果工程师团队共同合作互相学习,开发了麦金塔电脑的第一个鼠标。出于这一理念,哈索·普拉特纳②投资了斯坦福大学的设计学院,也就是所谓的"D-School",接着又在德国波茨坦建立设计思维学院。如今,人们几乎可以在世界的任何角落看到设计思维师的身影,不论是在北京、开普敦,还是在班加罗尔,他们无处不在。

设计思维——颠覆性创新的一个典型例证

　　然而即使如此,我依然认为,没有人在最近几年能够真正预料到,设计思维有一天在企业领域内会产生如此之大的

---

　　①　该公司以创新和以用户为本的设计闻名全球。
　　②　2020 年 4 月,其家族以 124 亿美元财富位列福布斯全球亿万富豪榜第 96 位。

影响。没有人能够预见，一些公司的设计思维项目，能全面且深刻地改变其管理方式。设计思维——即使作为一种社会革新——本质上也是颠覆性创新的一个典型例证。根据克莱顿·克里斯坦森的经典理论，颠覆性创新完美地利用了数字化技术创造的机会，产生于新兴市场，或者说是底层细分市场。传统的市场参与者——这里指的是大型咨询公司——最初并没有看到这种革新趋势，或者它们看到了，但是却低估了其发展规模，也或者它们看到了，但却不清楚应该如何恰当地应对。然后突然有一天，所有人都揉揉眼睛，迷茫地问道：为什么各个公司都在到处举办设计思维研讨会？为什么 X 集团或 Y 公司以这种新方法培养了成千上万的员工？戴姆勒公司的 1000 名员工在两个月之内在一个专门为此建立的集装箱式空间里进行了设计思维相关基础知识的培训。那么，这些对于管理学来说到底意味着什么呢？一种新的学派？一种新的方法？一种不一样的态度还是一种不同的风格？还是所有东西融合一体而成的大杂烩？还是只是一种稍纵即逝的流行而已？

我们从最后一个问题开始回答：是，也不是。是，它确实是一种流行，但我们不清楚，这种流行会持续多久。只是，为什么很少有从事产品创新的人去询问其还能存在多久？也许那些会产生颠覆性影响的创新会在 20 年或 30 年之内再次从市场上销声匿迹。也许，像 iPhone 和 iPad 很快也会不复存在，就像 iPod 已经很多年没有生产过了。然而，我们却没有人怀疑，这其实与颠覆性发展有关。

　　如果人们对于流行的定义只是一种季节现象，认为其不过是短暂、肤浅且易随时间消逝的话，那一定不是一种流行。因为设计思维，更多地表现为一种基本的社会变革。设计思维从制度上打破了管理中那些存在已久的惯例和规则。而且不仅如此，它还引入了新的规则和惯例。

模式的突破

　　随着传统的管理方式和日常工作安排被打破，那些为了贯彻决策目标而在传统会议室中围着桌子集中讨论出来的指示就不必再继续往下传达，也不必再有为了自己利益和部门利益的争斗，不再需要从上级那里争取自己的利益，同时，也不会没有时间倾听客户的需求，倾听别人的想法，不必再在高层研讨会上强调，人们应该是一个团队，并且必须改进交流方式。所有的这一切都将被打破，至少会在一定时间内，上述这些模式和惯例规矩会被废除。

　　那么在旧模式被打破之后，取代这一切的又是什么呢？那是一种不同的工作方式，不同的组织，不同的交流模式，不同的风格，并且有着不一样的工作空间，更加强调不同想法之间的互动、交流和合作。在各种高科技和新工具的支持下，能更加形象地阐释自己的理念，使找到解决方案变得触手可及。明晰的游戏规则确保了在不同想法基础之上构建各种组织方案成为可能，而曾经重要的地位及分级制度在这里变得不再那么重要。

新的合作：从大写的我到智慧的我们

当听到人们大声谈论"我们"的时候，我常常是很怀疑的。我们经常可以在选举中听到："只要我们一起，就能取得胜利。"每一个人都能从中感受到这种宣传的煽动力。但我认为，这个时代的本质挑战不仅仅在于"我们"，而是在于"智慧的我们"。自我个性并不会被抹杀，而是会和"我们"共同发展进步——在这里，允许多样性以及性别差异的存在，允许个体存在不同，一切都在这里平等地组合在一起。

如何推动这种新的合作方式，是数字化转型中创新革命的任务之一。我们目前已经可以在很多领域、团队、初创公司看到这一方式。即使是在研究和科学领域，跨学科之间的合作也越来越多。现在甚至流传着这样一种说法，那些彼此孤立的专家们已经无法解决高度复杂的任务了。特别是在设计思维学院中，这一点似乎十分明显。跨学科学习是这里所有人工作的一项前提条件。团队之间以不同的方式聚集在一起，这在日常的工作之中不总是那么容易的。团队成员需要不断调整自己的想法以适应彼此的合作。成功，需要的不仅是好的方法，更需要那些能够灵活运用这些方法的人才。博世公司董事瑞世柯（Uwe Raschke）曾这样说过："设计思维教会了我们，那些最佳的方案通常是由多种团队共同合作完成的。"瑞世柯很早就认识到设计思维的原则将改变组织的构造。

从发展创新到发展组织

那么,到底什么是设计思维? 像很多人认为的那样是一种创新方法吗? 还是像约翰内斯·迈耶(Johannes Meyer)和约亨·古德勒(Jochen Gürtler)①在他们关于设计思维的简单论著中所表述的那样:"是一种把不同工具有效结合起来的工作方法,以支持创新和发现新思路?"

设计思维: 从发展创新到发展组织

如果确实如此,那这只是最初的理念,无法从根本上解释这种思维方式为何能成功。最重要的是,要在实践中发生改变。从"我们应该如何发展创新"的项目到"我们应该如何发展组织"的项目,实现互联、跨学科式的共同创新。设计思维,体现了对互联式组织实践的思考,当然这种实践存在于小型组织之中,与组织的变革、文化的创新和打破常规的任务相互联系。

———————————

　　① 　创新经理和企业教练,与约翰内斯·迈耶合著有《30分钟之设计思维》一书。

这种意义上的转变，我曾经多次在企业咨询项目中直观地感受到。来自不同行业、不同职业的项目伙伴一起工作，为那些带有"挑战"标签的任务，共同开发解决方案。刚开始时，这些项目伙伴感兴趣的还是那些研究成果，那些拟定好的设计想法、方案和范例。然而，随着项目工作持续的时间越来越长，他们的兴趣点也在不断转移，其他的问题也逐渐引起他们的重视：人们到底是怎么做到共享办公参与研讨会的？这种跨学科的团队合作是如何运转的？以及人们可以从中学到什么？我们又可能将其中哪些方式应用到我们自己的组织当中？

我曾经受邀参加瑞士一家跨国公司的领导力会议，在那里做了一场激励性质的演讲，并引领其高层领导着手进行了一次有关革新和颠覆性思维的研讨会。我在这次的研讨会中，也加入了一小部分关于设计思维的内容。事实证明，在场的这些高层领导首要关注的并不是与革新相关的内容，而是如何在他们具体的工作任务中对一些事情加以改变，并且最好是根本性的改变，因为他们当时处于极大的压力之下。他们想要学会，如何才能进行不同的创新以及更加协调的合作。他们想要获得一些全新的想法，以便能够在运营优化过程中做到更好。而我在短时间内传达的有关设计思维的内容中，有一小部分给他们带来了帮助。

为什么会出现这种情况？那是因为在设计思维中，不同的想法会互相碰撞，给他们带来了启发，这也体现着这个时代的发展趋势特征：

◆ 互联的合作——新型的互动
◆ 试验性的、探索的、真正以客户为导向
◆ 良好的、仔细的专注观察：观察、观察、再观察
◆ 简单的视觉化与思想的模型化
◆ 创新地对待各种理念

　　所有这些特征就像被绑在一个凹面镜上，这个变革时代的所有根本变化都在这里汇聚，最后聚集成为一个"完美的组织"。或者就像在法国索邦大学和斯坦福大学执教的法国哲学家米歇尔·塞尔（Michel Serres）曾描述的那样："正是软的部分组织联合起那些使用硬件部分的人。"

　　这一切的发生并不是按照某个伟大理论的计划进行的。设计思维师被当作这一行动的推动者，大多数情况下还是某种系统变革的导火索。

硬与软

　　谈到结构，我们首先想到的就是它的坚硬；谈到组织，我们想到的是稳固。但是，这些都是旧工业世界固有的而现在已被打破的印象。这也许是这个时代最深刻的颠覆之一，即创新革命席卷了整个组织机构。旧的组织结构，就像万花筒中五颜六色的玻璃一般支离破碎。

　　与之相关联的是我们认知能力的改变。因此，我们不再需要一个由更多的所谓管理学人士组成的大型机构，我们更需要的是不同的决策方式，以及像温贝托·马图拉纳

(Humberto Maturana)①曾说的那样，"加强我们不同行为之间的协调性"，同时，我们还需要一种更细致的结构化的交流与沟通，需要更多的专注力及更富创造性的合作。在这种背景下，德国一些著名的大型项目可能还会出现灾难性的失败，因为曾经存在太多的旧结构，它们要是早能够被打破该有多好，但这个愿望也只能是顺便提一下而已。

我经常被人问道，为什么有些新的、创造性的、协调性的合作能取得如此大的成功？根据我的观察，这主要是因为这些合作中的先驱人物一方面在自主运用新数字世界的技术，而另一方面又在尽力摆脱这种技术的影响，试图与之相抗，他们的行为就是对颠覆的最好诠释。这就像摇滚乐一样，似乎没有电子谱曲就不行，然而事实上优秀的音乐是靠人们自己创作出来的，并且随时准备摆脱那些惯例的影响。就像美国流行歌手普林斯（Prince）所说："强大的灵魂能超越一切规则的束缚。"

因此，旧的、非创新的组织壁垒也是这样被大力撞开，至少砸开了其边缘部分。这时，大多数经理人在经历了最初的迷惘之后，此刻都感觉到了一丝轻松，这是一种情感的解放。那些日常商业活动中笼罩在大多数人身上的压力，都在渐渐减轻，至少在某个特定时段内是减轻的。而且更重要的是，那些参与制订非同寻常的游戏规则和方法的人，对自身的创造

---

① 智利生物学家和哲学家，主要从事神经生物学研究。

力产生了新的自信。

在不断的实践过程中,这种思考方式渐渐成为一种自然的习惯,渐渐就不必再与某个概念捆绑在一起,一切都变得更简单,就如肯·罗宾逊喜欢讲的一个精彩故事:

两条年轻的小鱼顺着一条河流向下游去,一条年纪稍长的鱼从它们旁边逆流游过。它说:"早上好啊,年轻人,水里游着怎么样?"小鱼们向它微微一笑,继续向前游。过了一会儿,一条小鱼将头转向另一条小鱼,疑惑地问道:"什么是水?"对它来说,在水中游是如此得理所当然,以至于它身处其中却不自知,而且也不需要任何额外的概念对其进行多余的解释。

题外话:一个没有权力、没有等级的世界?

传统的、按职能垂直划分的大型组织真的会就此消失吗?也许不会一下子突然消失。那么这意味着等级制度的终结吗?这一点我也不敢肯定,但旧的管理和操控体系确实已经过时。然而在若干地方,依然有那么一些人披着从箱底翻出的显示旧时代权威的铠甲。

那些不断消磨着组织力量的权力游戏,妄自尊大的权威意识和拖延策略,真的已经成为过去了吗?也许还没有完全是过去式,但是它们会被更好的游戏规则阻挡在游戏之外。那些曾经坚固的组织和规则现在都发生了某种变化。人们现在终于开始了相关的探讨,更重要的是,开始了尝试与试验。一批公司总裁和员工都在说:"让我们试试吧,看看我们是否能和以前一样——更民主、更自由、更配合。"也许可以将我们在创造性合作中学到的东西应用到更加稳定的结构之中，应用到决策制定之中，应用到我们等级制的组织管理方式之中，以便能做到组织的转型。

　　未来几十年，来自不同学院的组织发展人员——特别是那些发展自我组织的员工——将更加深入地从事决策制定等相关研究。将决策的权力下放意味着什么呢？如何使决策既迅速又简洁？这种模式对于大型组织是否也适合？又会有哪些矛盾出现？我们又要如何对待处理这些矛盾？

矛盾的现实

　　"被实验"意味着，新的事物破土而出，从旧的境况中产生，事物也变得更加有活力。人们此时便可以说，颠覆性思维是有意识地、创造性地处理矛盾的方式。

　　因为即使是新形成的世界中，也存在那些想要扩大自己权力和影响范围的人们，只不过这次他们使用的是新的方式。即使是新的数字化世界中，组织也不可能是完全民主的。完全不自相矛盾的组织仅仅只有一个夏天的灿烂时光。理想主义，是很好的能量提供者，但却是糟糕的战略家。即使新的社会发展从根本上体现出了与之前不同的结构特征，但它也不可能简单地代替过去的发展模式，不能完全取代它。社会的变革，并不是像汽车的更新换代模式一样简单，它是新旧的叠加和互相融合，并结合成为一种新的包含多样性的组合，现如今人们可能更愿意将之称为"混合的"结合。

但首先必须明确的一点是,新旧之间一定是互为矛盾的。旧事物、旧组织、旧体系对待新生事物的反应是,首先会尝试把新东西从自身中分离出去——如果不成功的话——就会想办法将之吸收进来。

这就是现实的矛盾,以及在很多组织中存在的真实问题。但是,现在这些矛盾与问题还没有显露出来,因为在旧世界的管理者们看来,那些无聊的、常常令人厌烦的日常惯例就是平时应该完成的工作。而这些工作的主角就是那些很好地贯彻执行这些无聊任务的人。正是他们,维持着商店的正常运转;正是他们,负责我们社会基础设施的正常工作;也正是他们,拥有着更高的职能,控制着高度复杂的生产过程。就像一些专业经理人一样,负责协调各个体系之间的正常运转,设立所谓的护栏,使生产顺利且可靠地进行着,最重要的是,使事情都按部就班地进行——也就是把事情做好。

三项测试

如何战胜这种矛盾,就是颠覆性思维和未来管理层所需要解决的核心任务。它就像一场面对所有人开展的"资格考试",凡是未来想要领导某一组织的人,都必须参加这场考试。这场考试主要由三部分组成。

第一项测试,即"上层领导"不仅要允许新事物的产生,更要主动要求其出现。他们必须给予创新者更多的支持,为他们撑起"保护伞"。就像瑞世柯在博世提出的那个问题："未来大型组织存在的意义到底是什么？"他和他的同事们共同支持培养小型互联的单位，并寄希望于设计思维，希望其能起到催化剂的作用。他强调道，新的单位并不是在与旧的职能组织相抗衡，而是要与之共同工作。所以，现在正是将其职能融合进新的单位之中的时候。在博世，这就是所谓的职能强化项目。

第二项测试，即鼓励人们运用"双语模式"的思维方式，并能够完成两种不同的任务，也就是说，拥有这种思维的人不论在新世界还是在旧世界工作都能如鱼得水。这也意味着，不管在什么地方，他们都能够迅速运用不同的思维方式适应环境，并且不论在多困难的形势下，都能够从新旧世界工作内容的互相转化中取得成就。

T型领导人：连接两个世界所需的人才

这样的人才，不论在哪里都是十分需要的。我将这些人称作"T型领导人（T-Leader）"。这个 T 首先代表着所谓"T型人才"，即那些有着专业深度和知识的人才，他们能够进行跨学科地全面思考。此外，它还代表着双面性，代表着"不仅而且"，代表着所谓的"两手同利"，代表着一种使工作更富成效的能力。字母 T 上方的一横连接了两个世界——旧世界和新世界。

最为重要的是，这个 T 还代表了转型，代表了一种双语的思维和转化能力，代表了积极主动的革新，由旧世界向新世界的转变。这样的 T 型领导人在未来的很多组织中都起着重要作用，特别是当他们带领团队时，会用自己的方法和工具支持着团队的转型之路。

第三项测试紧跟着第二项而来，它以一个问题作为开端：这些新型人才真的是作为旧组织成员的搭档在行动，而不是作为竞争者吗？他们真的懂得用他们的能力、同理心和方式方法去帮助他人吗？他们彼此之间能否作为支持者互相理解？他们的工作是"以人为本"或者说"以用户为中心"——这种情况之下，他们能否考虑到旧组织中不同部门和领域的其他同事？他们能否为其他人创造价值？

在这里，克劳迪娅·科奇卡（Claudia Kotchka）的做法简直可以称得上典范了。克劳迪娅·科奇卡，在美国属于管理学设计思维的先锋人物。她在宝洁公司时，负责协助该公司发展自己的创新文化，这是一项并不简单的任务。她向所有的商业领导者发出了一份对话邀请，向他们询问，他们从业以来遇到的最艰难的问题是什么？与此同时，她还提出愿意帮助他们解决这些问题。因此，她成立了一个创新基金会，并邀请那些感兴趣的商业领导者参加她的学习之旅，更确切地说，是那些经验丰富的创新者们共同参与的所谓的解决问题之旅。通过这种方式，许多具体的解决方案得以研究出来，并且进一步发展出以解决问题为导向的组织机构。

第三项测试，也许是其中最困难的，因为它需要耗费大量精力。传统组织中的工作人员对此自然是十分怀疑的。那些看似华丽且厉害的言语无法使他们放弃学了十多年的理论知识。只有当他们感觉到对手在说第二种他们听不懂的语言，并且发现他们自己身处全新的世界，并亲自参与到这个过程之中的时候，他们才做好打破常规的准备。与之相应地，我还发现，优秀的 T 型领导人十分擅长带着问题工作，在同每一个人对话的过程中，询问他们的需求、观点和经验，而且是十分详尽地询问。在为新型组织的大厦打下第一块基石之前，这个测试的过程可能会持续很久。

三个假设

如果你想要往前跳一大步的话，必须先小跑很多步。要想取得更大的成就，就必须从小做起。

如果你想跑得更快，必须做更多的准备工作。想要成为跑得最快的那一个，就必须花更多的时间来准备。

如果你想要推动组织进行更大的改变，必须更加独立地工作，走近每一个员工。要想互联互通，就必须倾听每一种声音。

"我们应该问自己，为了实现组织的自治，我们能做什么？"乌尔斯·博尔特（Urs Bolter）在 2017 年第一届波茨坦对话大会中这样说道。多年来，他同他的团队一起为奥地利福

拉尔贝格州的家族企业,也是行业内的隐形冠军企业伏利思
百隆(Julius Blum)①进行组织转型项目的工作。他会在每一
次进行比较大的变革时,征求每一个员工的意见。这看起来
费力不讨好,但事实上十分有效。

　　很多企业组织都将大规模的转型项目摆上了日程,但它
们很多都忽略了去询问每一个员工的意见,忘记去询问他们
是如何看待这次转型的,也没有询问他们有没有感觉到自己
身处变革之中。这种忽视最终会产生难以估计的恶果,然后
又会耗费难以想象的金钱和精力去解决这些恶果。更可怕的
是,企业组织可能会失去自己的员工,而这是之后无论如何努
力也无法弥补的。互联互通的发展模式越完备,每一个员工
就越发重要。

即将来临的颠覆

　　即将到来的组织方面的颠覆与数字化转型的核心有关,
就是说与数字化机器所带来的生产力大幅度提高有关。当
前,它们已经能够减轻我们很多负担了,未来只会减轻更多。

　　那些循规蹈矩的工作,它们能做得更好,它们的效率能够
更高。总有一天,它们能够毫无差错地在既定的步骤之内更
加快速地完成。甚至当它们拥有足够多的数据之后,它们还

---

① 　创立于 1952 年,是世界顶级的家具五金配件品牌。

可以提出更好的流程改进建议。将效率问题交给人类来解决，有朝一日肯定是一件毫无效率的事情。

优化过程，目前为止还是管理层的工作范畴，但也许越来越会成为数字化技术去解决的事情了。亚马逊能做的事，我们也必须能做到，很多人，包括保险行业内的大多数人都这么认为。损失核算的过程难道不能彻底缩短吗？所有有名的保险公司，从欧洲最大的保险公司安联（Allianz）到R＋V①，长久以来都致力于研究这个问题。然而，这也涉及数字化技术的进步，与人工智能相关联，也许某一天还会借助区块链技术的发展，即使后者目前还只是一个空想——但自动化浪潮已是无可阻挡。自动化装置的更新会更迅速，索赔过程的自动化将会带来成本效率的大幅度降低，并精减数以万计的工作时间。

那些保险业专职人员将会同生产领域的工人一样遇到相同的境况，很多专业人士，甚至很多经理人也是如此。更犀利地说，整个组织都将被中断破坏，只要我们所理解的"组织"是由人组成的，组织中那些职能、岗位、级别、角色、任务等都由人来安排完成，那么这个组织结构无论如何都会被打破。如果我们想要摆脱这种对未来的设想，那么我们就必须对组织的发展进行重新定义。我们也应该重新仔细考虑员工和高层管理人员的发展需求，最好从现在开始着手。如果谁现在还

---

① 德国最大的保险公司之一。

将高层管理者的培训重点放在效率层面,那么他简直就是把全副身家赌在了一匹死马身上。最好的方法是,一方面投资智能机器,另一方面强化组织的创新潜能。

我们现在正处于创新革命和数字化转型的十字路口,正是这个交叉点,使得颠覆性思维变得尤为重要。汉斯·克里斯蒂安·博斯(Hans-Christian Boos),德国人工智能研究者之一,就这样表述道:"思维使一切都不同,但也需要人们首先想到这一点才行。当一半的企业被扼杀在常规工作之中,那些老弱的 IT 公司还在继续苟延残喘的时候,那么,留给我们开发新事物的时间,就很少很少了。所以,我们必须实现自动化,将那些常规工作交给机器完成,为思考创造空间。"

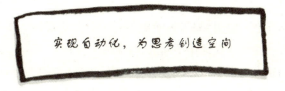

实现自动化,为思考创造空间

当然,这一切也不是绝对有效的,因为即使一个组织的工作,再由机器所决定,它也是需要人来操控的。一些人说,这是两者之间的一种合作,是大量先进信息技术、人工智能知识、系统控制能力以及特别优秀的判断能力之间的合作。另一方面,创新的探索者及革新者也需要理解由机器决定的大量的常规工作流程和处理过程,并且需要对效率有着相当高的敏锐度。

大型组织能否运转灵活？

对于这一问题，作家和咨询家加里·哈默尔(Gary Hamel)认为，在当今社会，即使是大型组织也已经可以完全转变为敏捷组织，他将之称为"后官僚主义"，这完全取决于创新、自治的团队。在第八届彼得·德鲁克管理论坛上，他再次以极大的热情重申了他对"大型组织能否敏捷"这一主题的观点与看法。我认为，从中我们能够听出他对约翰·科特有关双元组织①观点的一点小小的讽刺。在一点分歧上，我并不想选择任何一派站队，在我看来，这只是对上述新形式和风格的竞争力的不同表达而已。

但在有一点上，加里·哈默尔是十分有道理的。现在确实已经有一些组织在运用不同的、敏捷的工作方式。这些组织，通常在创始人的带领下已经领会了一种不同寻常的、创新的企业精神。其中，就有一家名为戈尔的美国研制公司(W. L. Gore & Associates)，60 多年来，公司都坚持自我组织的原则，并取得了持续的成功。又如声田公司，该公司从一开始就在试验一种全新的组织文化，在此基础上建立了跨学科的团队，也就是所谓的"小分队(Squards)"，以做到敏捷行动，并在很大程度上能够进行自主决策。至少在拥有超过 2500 名参与者和取得极

---

① 即要同时注重企业的发展和员工的发展。

速的发展方面,公司是成功的。公司创始人丹尼尔·埃克(Daniel Ek)的座右铭就是:"人们必须听任那些聪明的头脑自由发展。"或者像拳头游戏(Riot Games)①,可能很少有读者听过这家公司的名字,但它却属于当今世界范围内发展最迅速的竞技行业,是一家在电子竞技领域内处于领先地位的企业,拥有超过 2500 名员工。其工作文化是超前的,并且以团队为导向,在这种工作氛围中,没有人能够给其他任何人指示,人们必须使他人确信,自己的建议是为更好的玩家体验服务的。

上述这两家公司都来自 IT 行业(广义上的 IT 行业)。确实,在这个行业内容易产生快速的行动力,但这并不是一个十分重要的前提,就像一家公司是否有欧洲或美国背景一样无关紧要。因为,海尔就是这样一家公司,既不是来自 IT 行业,也不具有欧洲或美国背景,但却依然成功。

企业家的生态圈

海尔这个公司名其实是从 Liebherr(利勃海尔)这个单词的第二个音节音译而来的。这家如今拥有将近 8 万名员工的公司,最初便是通过同利勃海尔公司②的合作发展而来的。海尔公司 1984 年在中国青岛成立,现今已经成为世界

---

① 一家美国网游开发商,成立于 2006 年,代表作品为《英雄联盟》。

② 世界建筑机械的领先制造商之一。

家电市场的第一品牌。海尔公司 10 多年前就已经开始彻底颠覆其组织机构。该公司开创了自己的"人单合一"模式。"人"就是员工，"单"就是用户，"人单合一"就是把员工和用户连到一起。

海尔尝试以一种新的方式将自治、创业精神和平台思维连接在一起。海尔集团主席张瑞敏说，直到现在他还没有在欧洲或者美国大型企业中发现能与自己"人单合一"模式相比较的组织管理方法。他谈到颠覆，并试图将这种颠覆进行历史性地归类："马克斯·韦伯(Max Weber)①提出的科层制、现代官僚制像个正三角形，企业、军队、政府都是这样。现在，我们把它变为海尔创业生态圈，里面没有科层，只有三类人，这三类人没有职位高低，差别只是所掌握的、创造的用户资源不同。第一类人是平台主，第二类人是小微主，第三类人是创客，也就是原来的员工。所有人形成一个组织，齐心协力为用户创造最佳体验。"

人们可能会提出反对意见，指出海尔、声田、戈尔等这些公司都是例外。原则上来说，灵活的方法和形式，迄今为止都只在大型组织的部分区域甚至是在边缘地区投入使用，但是它们已经开始扩展自己的影响力。它们在日新月异的数字化世界中行动更加敏捷，并能针对不断变化的用户需求更加快速地做出反应。

---

① 德国著名社会学家、政治学家、经济学家、哲学家，被后世称为"组织理论之父"。

　　设计思维、灵活开发都是一种小小的解放思维的练习——特别是在矛盾的、有时候可能极端相反的情况下进行的练习。这些尝试，都是在试图减轻旧工业社会工作形式的压力和束缚。但问题是，这些尝试能否实现规模化？我们是否想要且能够实施这种方式，即使可能需要时常顶着大风前行？谁又愿意一如既往地走在前面？

可以做示范，但不要自欺欺人

　　是的，确实有那么一些人，他们已经理解如何在组织中坚定不移地建立合作的新原则，他们也会做出示范。因为他们拥有那些站在金字塔顶端的人才，这些人就代表着新的原则。但实现这些原则的道路不一定平坦，不一定一帆风顺，不一定永远按照某个人的愿景前行。

　　高驰领导力专家埃伯哈德·叙伯（Eberhard Hübbe）和拉尔斯·福斯特（Lars Förster）在对德国咨询公司高驰（Goetzpartners）的研究中发现，企业可以创造这样一个环境，使其"有利于促进高层管理人员和员工培养真实可靠的行为态度"。此外，我还认为，这样一个环境还有利于培养员工的专注力。因为，专注力意味着，个人的注意力不会随着外部形式的变化而转移，不会被那些所谓的幻灯片制作大神所牵制，不会被卷入各种事件的漩涡之中，而是一直在专注于自身的同时专注观察他人，并且专注于那些刚刚萌芽的发展趋势。领导力开发项目导师赫伯特·施莱布（Herbert Schreib）将这种专注力也称为"以强大的内心应对不稳定的时代"。因此，真实性、专注力和敏捷性是一体的，彼此相辅相成，虽然在日常工作中免不了会有摩擦。

　　因为在现实中，所有的组织都是矛盾的——我们其实也是一样，如果我们勇于反思、批判自己的话。伟大的思想家蒙田（Michel de Montaigne）就曾声称，自己身上拥有所有人类能想到的矛盾："我能感到，我的身上有着所有互相对立着的特质，按照某种特定的次序、某种特定的方式奇异地在我体内和谐共存。"

組織必須創造矛盾，使各種矛盾融为一体

　　组织的存在，就是为了更具专业性地塑造这些矛盾，使其尽可能地融为一体。这也解释了，为什么传统的分工明确的组织中会存在着完全独立自主的部门，比如人力资源部和财务部。这两个部门有着完全不同的互相矛盾的任务，而且其中一个部门的职责范围通常是对另一个的限制。人力部门的很多任务都是直接与财务部门的成本预算相矛盾的，而财务部门的削减计划又往往以牺牲人力为代价。只有从一个更高层面的、长期的角度来看，这些目标才是相一致的。因此，对于组织来说，至关重要的就是要制订一个共同的长期目标，并思考其存在的意义和目的。

根据我的估计，未来几十年中，由于创新革命不断冲击着传统的组织机构，很多矛盾会越来越明显。就像戴姆勒公司设想的、公司未来有 20％的员工将会在一个新型互联的"群组"中工作，但依然有 80％的员工还要继续在旧的机构中坚守。即便如此，戴姆勒公司也已经属于几个先驱之一了。由此，人们肯定也可以想象得到，那些公司名中带有"德意志"字样的大型传统公司的日常组织现实是怎样一幅情景。可以确定的是，所有这些公司都已经开始开展自己的组织转型项目（我也曾亲自参与过其中一些项目）。在很多节点都有人提出建立互联的自治组织的倡议。但这并不意味着，那些敏捷的、开放的、创新的以及合作的工作目前会对整个日常工作产生深刻影响。

　　其中一个原因就是，现在越来越多的公司会选择将一些工作和创新项目外包给一些像 Jovoto、Clickworker 或者 Topcoder① 等类似的网络平台。很多创新者、IT 专家或者设计师都会在这些新兴的市场平台上接手一些任务，并交流各自的想法。其中，来自加利福尼亚的平台 Topcoder 就拥有大约 100 万注册成员，包括编程人员、软件设计师、算法研发人员和其他技术专家。而德国的门户网站 Jovoto 早就已经不仅仅是自由职业者的市场了，更是一个"开放的创新平台"。这些群体，既是问题的解决者，也会向传统组织发起严峻挑战。后果会是怎样，谁都无法预料得到。

---

　　① 　这些网站都是面向程序员和设计师的众包网站。

因此，现在更加迫切的问题在于，我们应该如何帮助那些身处窘境的公司更好地处理自身的矛盾？更进一步地问，我们怎么才能防止组织的两极分化？我们如何能够变得更加敏捷，并且同时做到没有人会落后？也就是说，我们如何才能大步前进，并尽可能地带上所有人跟我们一起向前？

新的领导力特质

每当世界上的某地陷入困境，总会有人站出来，带领大家走出困境。这几乎已经成了一个惯例。但是这并不是说，只要学会了那些在商学院历经几代人研究的、具有旧时代特色的领导力学说，就可以解决现在的问题，现在的时代需要我们打破这项传统惯例，需要另一种方式的领导，一种新型的领导力。

这种领导力始于学习新知识的决心，比如，学会以创造性的方式处理不确定性和矛盾。此外，这种领导力还需要为任何层面的创造和革新提供足够空间的能力。并且，还要有能力专注地、始终不渝且负责地致力于即将开始的组织转型，同时有能力平衡各种颠覆。

这是一趟从旧世界向新世界迈进的学习之旅，好的一面在于，对于这趟旅途来说，人们不必十全十美。验证新的领导力更倾向于是一种测试，就像是尼尔斯·帕佛雷根（Niels Pfläging）[1]

---

[1]　德国企业咨询师，作家。

对此的观点一样，它所做的应对都是试验性的，因此是可以犯错的。

拥有新的领导特质的领导者不必任何事都亲力亲为，相反，他们的突出特点在于他们将权力向下转移，因此，他们被当作"教练型的领导"，或者说具有亲和性的领导力。他们始终站在员工和同事的一边给予其支持，并负责设法让员工彼此互相帮助。就像我的同事领导力项目导师雷纳·佩特克（Rainer Petek）所说的那样，"领导只是作为辅助性的职业而存在"。

因此，关键和支点其一就在于向下赋权，其关键词是自我管理、自我组织或者自我负责；其二在于通过导师、顾问、同事的支持以及有效的交流与沟通来支持他人。这两方面缺一不可，相辅相成。

对于一些公司来说，"互相帮助"是过去几年的工作当中最重要的一条指导原则，也正是这些公司，现在已经开始尝试敏捷化的工作方式。从自我系统向生态圈系统转化，在矛盾条件下这并不容易做到。团队成员没有互相帮助的意愿，合作创新及互相协调配合也不过是句苍白无力的空话。人们可以将这些规则表述得十分完美，也完全可以大谈特谈新思维模式的好处——但是如果没有做出向下赋权以及互相帮助的示范，人们只会再次倒回旧的管理模式之中。这就要求需要在理解和掌握专业性的对话。"对话"意味着，提出问题，并且仔细倾听他人意见。德国图宾根大学传媒学教授伯恩哈德·波克森（Bernhard Pörksen）。说过："使人沉默很容易，但强迫人倾听，却无人能做到。"

学会倾听

倾听是至关重要的，特别是当我们想在不摧毁我们原有的组织和机构的基础上，实现颠覆和化解矛盾时。因为，如果人们真正理解颠覆的话，就会发现，破坏实在是这个任务中比较简单的部分了。更难的是之后的改变，并且保存颠覆核心，或者也可以说是，在保持革命性的同时学会和解。和解是必需的，所有卓越的领导人都知道这一点，比如纳尔逊·曼德拉（Nelson Mandela），如果没有和解，他的反对种族隔离的革命就不会如此成功。颠覆性思维，不仅是一门研究破坏的学科，也是一种同矛盾相连接及和解的艺术。

颠覆性思维要以倾听作为开端，也许有人要说，这没有什么特别的，听别人讲话，那谁不会。这样想就错了，真的。只有很少人真正会倾听别人讲话，而且像毛毛这样擅长听别人讲话的人，简直还从来不曾有过。毛毛那么会倾听，她能使反应较为迟钝的人突然产生机智的想法。米切尔·恩德（Michael Ende）①这样写道："她那样会倾听，能使束手无策的人和犹豫不决的人突然明确自己的目标，或者是害羞的人突然勇气十足，感到自由自在，或使不幸的人和心情忧郁的人变

---

① 德国当代幻想文学作家，代表作有《毛毛》和《永远讲不完的故事》。

得自信而快活起来。"①

成功实现颠覆性思维的五个基本要素

颠覆性思维意味着,质疑组织以前的结构和惯例,试验新的形式,并将其引入惯例工作之中。那些与新技术相关联的新形式——互联、快速、敏捷、创新或者更确切地说是合作创新,也就是跨领域的创新,加强了跨学科间的相互协调。企业对各种各样的方法、形式进行试验、组合,直到找到最适合自己的形式。因此,根据我的评估,以下的五点要素就是成功的关键。

◆ 寻找愿意进行试验且独自负责变革任务的志愿者,并设法让他们能够尽可能独立自主地工作和决策。

◆ 开展互联的、跨领域的工作,并提供与之相应的方法和工具以支持配合。

◆ 在新型的互联合作的团队和单位中也要确保其组织职能权限。

◆ 更灵活、更快速、更敏捷——不仅是在个人的大脑思维中,还是在团队合作中都要做到这些。

---

① 摘自《毛毛》一书。故事主角毛毛是一个不知年龄、不知来自何方的小女孩,她拥有常人所没有的灵敏听力,她只用倾听的方式就能解决朋友们的问题和纷争。

◆ 创造空间，更具试验性地，更创新地以及更娱乐似的工作——包括创造更多的时间，以及与众不同的工作设计空间。

设计思维：六条打破常规的规则

设计思维的优势到底是什么？它们同打破常规又有怎样的关系？下面就是我的观察所得。

◆ 始终坚持提问，从开始到现在。每一次设计思维都是以一个很好的、经过仔细考虑的、以解决方案为导向的问题作为开端，也就是以所谓的挑战作为开端，即：我们可以如何……我们怎么才能做到……

◆ 以人为本的设计方法，也被称为"以用户为中心"或"以人为中心"。接受任务的团队，并不是简单地致力于研究抽象的目标群，而是尝试着去想象一个个具体的人，并且设身处地地为每一个设定好的人物角色考虑。

◆ 走出去观察，即要观察，观察，再观察。不仅仅坐在办公桌前上网调查研究，而且要亲历现场，深入探索。

◆ 多角度地观察。设计思维的任务参与者往往来自不同的学科领域（或者不同的行业和文化），并试图在思维过程中从各种不同的视角来观察所接受的任务。

◆ 形成分享的知识空间——团队成员共同形成调查研究成果。

◆ 建立令人信服的、思维严密的并且有着良好感官体验的规则，使相互之间的协调配合变得更加容易。

灵活组织的四大基本特征

以下理论整合自资深管理学作家斯蒂芬·丹宁（Steve Denning）的"大型组织能够敏捷吗？"及其他学者的理论

◆ 让客户愉悦：真正将客户摆在中心的位置，以客户为中心，充满热情地为之工作，不管在任何层面、任何时间、任何地点，第一要务都是为客户创造价值，其他的事情都要从属于这个中心，为其服务。

◆ 将工作分解：在这个复杂、充满不确定性的世界中，将任务向下分解，交给更小的单位，更敏捷的团队去完成，是大有裨益的。并且要在最短的周期内快速获得客户的反馈。

◆ 网络化的思考：在团队中，在与客户和搭档的交流工作中都要尝试网络化的思考方式，尽可能地形成有活力的且互联互通的组织氛围。

◆ 创业者的思维模式：应该建立这样一种新型的组织文化——独立自主、独立负责且具有创业者的思维和行为模式。

使组织更具创造性的三种做法

从单声道向立体声转换，也就是说，要建立一种新类型的组织,对旧的单一组织做出改变。与此同时,还要设法在不损害旧组织根基的前提下,使其与新组织共同发展。因此,如何在紧张的工作状态下,培养矛盾中的创造力,从而使工作更具成效,这都是我们亟待掌握的技巧和学科。即:

◆ 强化组织在"探索"方面的职能,并"利用"其在常规中实现高效率。

◆ 打破常规,使引入新事物成为另一种常规。

◆ 培养组织的创新力,使所有人都能够更好地完成自己的任务。

六种实用方法

汤姆·凯利(Tom Kelley)[①]及戴维·凯利在其合著的《创新自信力》及其他著作中推荐了以下六种实用方法。

◆ 换位思考

不要先问,我们如何督促人们做这个或做那个,而是要先问,他们不做的原因到底是什么,是什么阻碍了他们的行动。将这些障碍写在一张纸的左边,右边先空着,留待以后记录您为此想到的不同的方法。

◆ 制作"问题列表"

制作一个列表,上面列举着干扰您日常工作的事情。(这

---

① 著有《创新的艺术》和《创新的10张面孔》。

里您也可以同样利用一张纸的左边那部分。)猛一看可能有些消极,但换个角度,您同时可以看到改进的机会。然后,您就可以问自己(利用右边的部分),这些问题当中是否存在可以改进的空间?我们从中可以做些什么?或者我们能够做哪些不一样的事情?我们可以如何改善我们的境况?

◆ 对比组织的两种工作方式

（左边）	（右边）
现有的工作方式	理想的工作方式
实际应用的文化	期望实现的文化
观察到的现实	希望达到的需求

在中间画一条线,也就是所谓的阻力线,找出到底是什么在阻碍我们实现自己真正期望得到的组织生活方式,然后再次问自己,我们现在可以做些什么来弱化这些阻力,然后就再也不要拖延,直接开始行动。

◆ 突破限制

我们常常不知道应该如何开始,比如,不清楚应该如何在组织中引入创新机制。但是有时候,当您问自己:为了达到一个目标,两周之内可以做到什么?一夜之间呢?或者 36 小时之内呢?有些时候,这些问题能起到意想不到的作用。在一场预算很少,并且我们明知方案不完美的活动中,我们能创造出什么样的奇迹?对于这些看似不利的限制,您完全可以把它们当作创造性的挑战,看到其积极的一面。

◆ 寻找"害群之马"

要尽力争取那些不按常理出牌的人，寻找那些组织中不墨守成规、思想自由的人及麻烦制造者，并将他们组建成为一个组织。邀请他们致力于研究组织中未解决的问题，给予他们自由发挥的空间。

◆ 挑战最困难的问题

选取组织中最有价值的成果，并邀请旧的组织单位中的部门经理人或者商业领袖，请他们坦率地指出，这些最有价值的部分为什么会在某些地方无法正常运转，阻碍这些价值实现的最困难的问题是什么，并主动向他们提供帮助，协助他们解决这些问题。如果他们愿意的话，同他们一起工作。

五种决定性的变革方式

一个正在经历转型的组织，会向其领导层同样提出变革的要求。根据我的观察，有时候即使是一些微小的方向的改变，也会产生某些重要的影响。在这里，我列出五种决定性的变革方式。

◆ 向下赋权：将任务和决策权力向下转移，领导层不必所有事都亲力亲为。确实如此，一个人不可能做太多的事情。

◆ 侧面支持：加强组织中的协调与合作。这就意味着，需要推动与之相适应的形式与方法。尤其是要促进员工主动寻求跨领域之间的合作与互动，并同时赋予他们合适的角色。在各个领域，领导者都越来越发展成为教练式的角色。

◆ 相互帮助：当自治与合作变得越来越重要的时候，组织中就需要一种互相支持的氛围。这种"互帮互助"将是成功的关键因素，一种良好的、互相尊重的文化在团队里是必需的。

◆ 双面性：领导层必须理解数字化转型和创新革命，需要对具有不同侧面的世界有自己的理解，并掌握在不同世界中自由沟通交流的能力。我将其称为 T 型领导。他们就是组织中的转型者，旧世界向新世界发展的催化剂。

◆ 增进交流：这是增进彼此感情的有效方式。通过交流，领导不再高高在上，能和员工互相合作与配合；通过交流，能在别人遇到问题时，给予其支持；通过交流，使矛盾变得易于疏解；通过交流，还能够缓解彼此的紧张关系。当然，这些的前提条件都是，交流能够专业且有效地进行。最重要的是，交流还能够加强彼此间的信任。

所有这些都只有一个目的，那就是强化组织以及组织中人员的创新能力。

那么，这也就是要：

打破常规！

思维导图

T 型领导

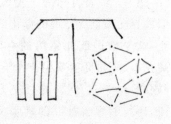

受青睐的翻译者，懂得在传统与创新之间交流

T 型画布

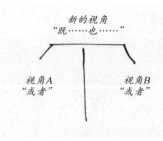

使矛盾更具创造性

停！

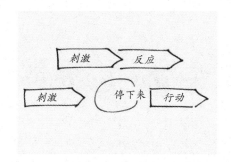

及时喊"停"，是高层领导人员的一项核心任务

领导力回路

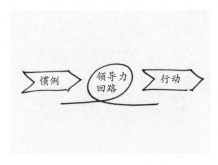

打破常规，进行反思，再试验

（根据雷纳·佩特克和贝恩哈特·冯·穆提乌斯的观点整理）

设计思维——反复叠加的步骤

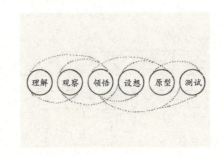

不再是一成不变的次序，而是各个环节循环递进，
形成一个互联的世界

对话实验室：专业且系统的对话

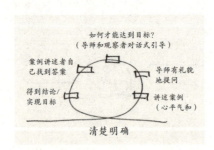

共同解决问题的五个步骤
（改编自著名管理人和组织咨询师罗斯维塔·柯尼希斯维泽尔的观点）

简单的计算题

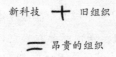

二元组织模式

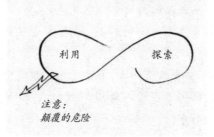

利用:在常规中实现高效率、自动化

探索:打破常规,培养创造力

这就是你的生活

去做你喜欢的事情，多去做做

如果你不喜欢它，就改变它

如果你不喜欢你的工作，那就辞了吧

如果你觉得时间不够用，那就别杵在电视机前了

如果你在寻找生活中的爱在哪里，请停止这样做

因为当你去做你爱的事情时，爱就出现了

别总去想为什么，所有的情绪都有它的魅力

吃东西时，去细细品尝每一口

生活就是如此简单

卸下思维的枷锁，展开双臂，敞开心扉，去拥抱新鲜的人与物

我们是如此不同，我们因不同而相互团结

请分享彼此的激情与心中梦想

多出去看看外面的世界，陷入迷途可帮你找到真实的自我

有时，机会只有一次，不要让它从指缝中溜走

我们的生活在于不断遇到新的人，以及与他们一起所创造的新事物

所以现在上路，开始创造吧

人生苦短

勿忘梦想，共享激情

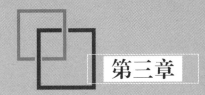

第三章

机器与人类

谁决定了我们的未来？

> 正是那些突如其来的、无法预见的时刻……守护着
> 我们，免于遭受逻辑学家一样被奴役的命运。
>
> ——温斯顿·丘吉尔（Winston Churchill）

我们的驱动力到底是什么？

拥有一份在一定程度上可以赖以生存的工作，养家糊口。这曾是工业社会中几代人为之奋斗的根本成就之一。一份好的工作，赚很多的钱，能给人带来满足与安全感。

在工作中，都要尽可能地独自行动，因为不管在任何领域，这都是人们通往大师级别的必经之路。这也是过去几十年，很多人内心中最基本的追求之一。自主、专业以及意义，这才是人们工作的真正驱动力。

但是，如果那些为自己高超专精的技能而骄傲且自主工作的人遇到了严峻的竞争的话，又会发生什么呢？特别是当这些竞争来自于一位厉害的挑战者，它有着非同一般的学习能力，能够逐渐掌握越来越多的能力，做到迄今为止只有人类才有能力做到的事情，我们又该怎么办呢？更不要说，这位挑战者对人类还有着极大的吸引力了。

来自无人驾驶的挑战

无人驾驶就是这样一个有着巨大吸引力的挑战者，在传

媒业、企业、政治、继续教育与培训领域都有着深刻的影响。我们对此研究得越多，就越能感到，这种影响力是多么的复杂。我在这里主要重点指出三个层面，第一个层面，无人驾驶与社会的愿景有关。塞巴斯蒂安·特伦（Sebastian Thrun）①曾参与开发了谷歌无人驾驶汽车项目，很多年前他就曾说道，无人驾驶更加安全，能明显减少事故数量，尤其是降低车祸事故中的伤亡率，就是所谓的"零愿景"。欧盟委员会也提到了类似的愿景，据说到 2050 年，在欧盟国家中，应该不存在由于交通事故造成的重伤及死亡者。这一愿景到最后能否成真，时间自会揭晓。谷歌也曾有完全独立地制造属于自己品牌的汽车的计划，但中途放弃了，现在谷歌 Alphabet 子公司 Waymo② 主要致力于无人驾驶项目，并与著名汽车制造公司以及优步的竞争对手来福车（Lyft）合作。

　　总而言之，谷歌的无人驾驶汽车已经在最初几年的时间里，在加利福尼亚完成了长达数十万公里基本无事故的行驶里程。不过在此期间，特斯拉曾引发了相关的负面新闻。尽管有些失误，但是这项新技术依然会继续向前发展，因为失败是成功之母，未来这项技术会变得更优秀。

----

　　① 斯坦福大学教授，世界顶级机器人和人工智能专家，Google X 的领导者之一，发明了世界上首辆无人驾驶汽车。

　　② 2016 年 12 月 13 日，Alphabet 宣布将自动驾驶汽车项目分拆为一家单独的公司 Waymo。"Waymo"这个公司名所代表的是"A new way forward in mobility"（未来新的机动方式）。

　　第二个层面，机器也会变得自主，即便不是完全意义上的自主，但也十分自主了。曾经的老问题"到底谁来坐驾驶位？"如今又有了新的意义，当然，这也引起了巨大的社会问题，我指的不仅仅是法律上的问题。驾驶汽车的到底是谁？谁在操控汽车？我们到底还需要方向盘吗？谷歌确实曾有制造没有方向盘的无人驾驶汽车的计划。虽然这个愿景，现在看来还有些为时过早。但是，总有一天它会成为现实。那么问题又来了，我们究竟还需要驾驶座吗？我们究竟还需要司机吗？

　　而且是谁，出于什么样的原因，需要一辆无人驾驶的汽车？这种汽车的买主会是谁？有一个是可以肯定的，那就是优步公司，或者是我们刚刚谈到的来福车公司，或者是苹果公司大力投资支持的滴滴出行公司，或者是其他专业的共享汽车服务公司。2016 年，优步就已经开始在美国匹兹堡市测试无人驾驶的出租车。刚开始时，出于遵守目前的法律规定，出租车内还坐有一名司机，但是，测试的目的是很明确的，就是无人驾驶的出租车服务如果成功的话，将会给优步的出租车业务带来真正的巨额利益，优步公司可以从中节省巨大的成本。旧的出租车行业将不会有任何机会提出抗议，原来的出租车司机可能也必须要重新寻找一份谋生的工作了。那么，是否还需要传统的汽车制造商？进一步深入探讨的话，为了生产这些新型的所需零部件更少的电力驱动车辆，这些生产商和供应商到底还需要多少劳动力？又需要多少劳动力为那些不断减少的私人客户服务，生产那些经典的仍可以手动驾驶的豪华轿车或者跑车呢？至此，我们可以发现，自主机器的发展将会成为一个引起严重连锁反应的社会问题。

第三个层面，如果机器实现自主化了，那么，它们一定要精通很多东西，也就是说，它们必须比人类会得更多而且更好，它们会成为一种新型的多面手，它们将具备以下技能：

◆ 它们能够看到所有的一切，能够敏锐察觉周围发生的事情；

◆ 继而极速地理解，完全是一瞬间且前瞻性地明白，到底发生了什么；

◆ 最后，能够迅速且恰当地对所发生的事件做出反应。

它们所有这些模仿而来的性能，迄今为止，很多方面都是原先人类所独有的闪光点，但是现在，它们已经在某些方面远远超过人类了。这是一次史无前例的技术爆炸，建立在各种能力和专业知识基础上，包括：

◆ 无与伦比的计算能力

◆ 高度发展的传感技术

◆ 高度发展的图像分析和模式识别技术

◆ 高度的稳固性

◆ 很强的学习能力

◆ 最新一代的人工智能技术

◆ 逻辑分析图片的能力

◆ 万物互联

◆ 使用大数据

所有这些能力和功能特征，都能在数字化技术的大世界中找到，并且也正是在数字的世界中，它们以一种以往难以想象的方式连接捆绑在一起，以至于身旁同样掌握这些能力的人们看起来似乎已经过时了。这是挑战还是对人类过分的苛求？或者两者兼而有之？当机器变得自主的时候，我们是否也能独立自主？如果可以，谁又会成为我们？未来到底是谁会真正坐上驾驶座？

大数据带来的巨额利润以及困境

对于移动化及电气化这个主题，几乎所有行业的企业都曾参与其中，都想从这可预期的巨大利润中分一杯羹。但是问题在于，它真的会存在如此大的利益吗？如果真的有，那么谁又可以以怎样的形式和标准取得这些利润？市场又会怎么重新分配角色？

谁能及时参与进来，谁能很好地掌握新的组合游戏，谁能想到极简的解决方案，或者谁拥有别人没有的稀有资源，那么谁就可能会在其中扮演一个重要的角色。那些直到现在都还没有习惯这个游戏的人，可能只好满足于小型供应商的角色了。当然，一些人也可能会将某些角色交予他人，并给他们强加了很多限制条件，使他们只有在这些条件下才能参与到这个游戏之中。如果没有意外发生的话，每一个游戏参与者都能获得巨大利益。但是，像安全问题，不仅对我们自己，而且对企业、对官方机构、对政府以及对我们的交通体系和基础设施来说，也是越来越重要的主题。此外还有自主性问题，以及最重要的问题——国家或者国家共同体对于保护个人隐私数据的监管措施。这些问题越来越多地都涉及各种数据，以及民众对政府及国家的信任。

事实上，与无人驾驶相连接的新服务，也就是所谓的移动服务、新的产品、新的商业模式等，这一切都取决于大数据。这在未来，对于很多人来说都是一项严峻的考验，甚至对于某些人来说，现在已经在面临这项挑战。从个人角度来说，我们可能会极力主张进行个人隐私的保护，但作为企业来说，谁妨碍了企业自由地调取审阅各项数据，那么谁就是在妨碍企业推动其各项业务在未来的发展。甚至少数大型跨国界的平台已经有权力调取难以想象的大量客户数据。

人工智能：下一个驱动力

人工智能，已经不是一个很新颖的主题了，几十年以来，人们都在谈论这个话题。早在 20 世纪 90 年代，我们就已经在登山论坛（Bergweg-Forum）①的活动中深入探讨过这个研究领域，参观了第一批能够自主学习的智能机器人，对机器人专家汉斯·莫拉维克（Hans Peter Moravec）的论点进行过激烈的争论。因为这位专家曾经宣扬："20 年之内，最优秀的机器人将会拥有跟老鼠一样的智商，30 年之内，它们会比猴子聪明，40 年之内，它们会比人类更智慧。"几年之后，我曾亲自

---

① 该论坛是由本书作者贝恩哈特·冯·穆提乌斯于 1989 年建立的跨学科论坛，主要致力于未来的思维方式。

来到测试过无人驾驶的匹兹堡，就是为了能够更好地理解机器人的一套行为准则到底是如何跟人工智能互相协调配合的。

人工智能发展的新阶段与大数据紧密相连

　　曾有一段时间，人工智能的研究在媒体上被大肆炒作之后，再次陷入了长久的沉寂，人们对它明显抱有太高的期望了。但是现在，在经历了第二次或者第三次的尝试之后，人工智能再次回到了经济和科技界关注的中心位置。这一方面取决于当今可供使用的海量的数据。人们现在谈起互联网上通用检索的数据容量单位都已经是"泽字节（Zettabytes）"，不久之后甚至会是"尧字节（Yottabytes）"①。另一方面取决于视觉和听觉数据处理方式的另一种质的飞跃，弗劳恩霍夫智能分析及信息系统研究所（IAIS）所长史蒂芬·罗贝尔（Stefan Wrobel）谈起这种飞跃时，认为计算机的"下一次革命"已经正在进行中了。智能机器已经学会了对图片进行捕捉和匹配了，它们可以对其进行描述、解释并配有说明性文字。它们还可以在不引起观察者注意的情况下，以极快的速度对这些图

　　① 　计算机存储容量单位，尧是国际单位制现有最大词头。

片进行加工编辑——只要它们经过正确的"训练"，并且有权利审阅调取大量的数据。整个世界的画面都可以在经过它们的高度计算之后，以说明、评估或者服务的形式重新传回到我们人类手中，而这些服务似乎都是完全按照我们个人的需求量身定做的。

请您想象一个这样的场景：您坐在一家咖啡厅中，用您的智能手机拍摄了一段周围环境的短视频，并把它发送给您的朋友们，那么，他们立即就可以在自己的设备上查看到。每一个人都可以通过这些信息判断，你的情绪怎样，你将要做什么事。

因此，无人驾驶并不只是汽车行业的问题，无人驾驶的汽车，事实上就是在不断地捕捉周围环境的画面。不断地捕捉周围所有的一切和每一个角度，进行匹配和关联，并快速做出分析解释。每一个画面都是一个潜在的新商业机会，或者说是一项新的服务。

《大数据之眼：无所不知的数字精灵》，这是尤夫娜·霍夫施泰特（Yvonne Hofstetter）第一本书的名字，她作为人工智能专家和 IT 公司老板，十分熟知这些发展趋势。其实，我们对此早已经不陌生了，每当我们点击进某个网站，想要检索或者审查某个信息时，每当我们查看或者订购某件商品时，每当我们和某人聊天或者上传图片的时候，都是在向亚马逊或者脸书等类似公司提供数据，而这些数据，会作为原始数据被创造性地进行进一步处理，然后，我们就会获得新的更确切的且经过优化的信息，以及完全为我们量身定制的产品。经过不断地筛选后，我们就会知道自己到底想要什么以及我们会做出怎样的决定。在这背后就隐藏着各种算法、人工智能、机器的学习，而且这些知识还在不断积累和更新。系统会注意到，我们看到了什么、查阅了什么、购买了什么。这些都会在我们网站的浏览记录里留下痕迹，它们可以再次对我们进行识别，而且这些属于第三方的浏览记录也会对我们进行分析。当我们登录《明镜在线》（*Spiegel Online*）网站浏览新闻消息时，那些广告商也会知道。"在网上阅读一份报纸的 10 分钟之内，您的电脑就会遭到至少 50 次窥探。"博客作家、互联网活动家伊凡·佐克曼（Ethan Zuckermann）如此描述道。

随着人工智能的进一步发展，它要进行的就不再是简单的数据、信息、知识问题了，更是新型的机器学习和模式分析处理技能，而根据专家的期望，这些技能可以实现更好的预测以及更私人的反馈，机器也越来越类似真实的人类。

"现在，我们正在尝试教机器学会倾听和说话"，IBM 高级经理沃尔夫冈·希尔德斯海姆（Wolfgang Hildesheim）这样说道，他在德国主要负责人工智能系统"沃森系统（Watson）"。现在几乎所有大型科技公司都在大量投资人工智能领域，它们向个人、公司、项目组以及各大科研机构出资进行支持，尤其是脸书和谷歌，投了大量的资金在这一领域，甚至是大型的咨询公司也开始涉足人工智能的研究。

这台自主的机器、新的多面手已经开始踏上了它的成功之路。它已经战胜了人类的象棋高手，战胜了人类的围棋冠军，还有哪些领域是它无法取得胜利的呢？

谁帮特朗普赢得了大选？

独立且自主学习的机器及程序能够做到一些十分不可思议的事情。它们会向人类学习，且学习的速度非常快。只不过有时候问题在于，它们学习的东西，在之后的历史发展中证明，只是一种试验性的内容。比如，微软公司就想通过试验证明其在技术方面的领先地位，并且有能力吸引大批年轻的目标群体。因此，一款名叫 Tay 的学习能力超强的聊天机器人就这样被推向了市场。这款机器人由微软软件团队合作开发，主要是在推特上与关注它的用户互相交流。据说，Tay 可以在人类的社交网络中学习，熟悉掌握人类的视角、观点、感受以及他们的语言。Tay 被定义为一名女性，因此，Tay 也是一个女性的她。她可以在与人类的交流沟通中变得更加聪明。"你跟她聊得越多，她就越聪明。"她会的一切都是从人类那里学到的，包括愤怒、仇恨的情感爆发，以及那些侵略性的、令人厌恶的言语。直到人们再也无法忍受，微软不得不临时紧急中断了这项持续了非常短暂的时间试验，最终，Tay 成为一个极具攻击性的、严重性别歧视的怪物，不断地以令人反感的方式辱骂她的对话伙伴。人们可能会说，她还不曾经过任何的矫正。微软将 Tay 从网络中下线，并且解释道，这只是"机器学习领域内的一个项目"，在这一领域，人们还需要继续学习研究。

经历了这次不成功的试验，很多人才慢慢认识到，网络世界里那些表面充满活力的、富于感情的反应和互动,完全可以不必由人类亲自去做,机器设备常常就可以完成。

众所周知,希拉里·克林顿和唐纳德·特朗普参与的美国大选在很大程度上深受这种渗透性的机器人的影响。著名技术杂志《连线》就曾报道:"机器与人们联合起来,互相配合,使美国大选变得自动化起来。"根据推特评估部门的分析报告,仅在 2016 年 5 月份,特朗普的 800 万推特粉丝中四分之一都是机器人,并且数量还在不断增多,增长速度远超真实粉丝的人数。专门从事网络营销的广告代理商 eZanga,在 2016 年夏末宣称,特朗普的 1170 万粉丝中有 430 万的机器人。而希拉里·克林顿的情况也没有什么不同,800 万粉丝中 310 万也都是机器人,也超过了三分之一。这样看起来,两位候选人之间还算平衡。

要不是有这么一家直到今天还鲜为人知的英国小公司,一切可能都不一样了,这家名叫剑桥分析(Cambridge Analytica)①的公司的首席执行官亚历山大·尼克斯(Alexander Ashburner Nix)在 2016 年 11 月 9 日发布的新闻稿中说道:"我们很激动,革命性的数据驱动沟通方式在特朗普非凡的胜利中发挥了不可或缺的作用。"早在其他场合,尼克斯就曾一点都不谦逊地(并且让一些专家十分怀疑地)宣

① 以大数据挖掘和心理分析为主要业务,目前最出名的案例为成功帮助英国脱欧公投阵营赢得脱欧公投和成功帮助特朗普击败希拉里赢得美国大选。——译者注

布，我们可以"预测每一个美国成年人的个性……我们手中掌握有所有美国成年公民——大约 2.2 亿人的心理模型"。这些模型的基础就是大数据、心理行为分析、脸书和所谓的广告定位，也就是个性化的、精准地针对每一个个体量身定制的信息。

这就出乎意料地证明了，为什么特朗普那些表面看上去常常极端矛盾的推特消息自有其存在的意义，"特朗普的反应行动就像一个完美的机会主义者的算法，其完全是针对大众反应而得出的结果"。凯茜·奥尼尔(Cathy O'Neil)①在大选期间就已经察觉到这一点，作为一名数学家，她对此有着敏锐的洞察力。她在她的著作《数学杀伤武器》中也精准地描述了这种可作为武器的算法的运行模式。但是她怀疑的是，难道仅通过脸书上简简单单的"赞"的数量，就足以预测一个人在通常情况下的行为模式，并且在这种预测的基础上直接影响其投票或者购买决策吗？或者可能还需要其他的东西，即数据分析与倾听能力的组合？

我们现在已经站在了飞速发展的起跑线上，我们面临的问题是，到底是谁向谁学习，是谁带领我们去感受那个极其直观的、触手可及的、满足我们所有感官要求的三维的现实？也许，到那个时候，我们能够真正理解那句话："代码即法律。"

---

① 约翰逊实验室高级数据科学家、哈佛大学数学博士、麻省理工学院数学系博士后。

人工智能终有可能失控?

很多人工智能专家都已经证实了"超级智能"的存在,我们现在其实还完全处在这项技术的初始阶段。一些人甚至还思考,在未来进一步的进化中,我们继续用"技术"这个词来描述它是否还恰当。其中就有集数学家、哲学家和人工智能专家于一身的尼克·波斯特洛姆(Nick Bostrom),他是牛津大学教授,并且是所谓的"超人类主义运动协会"的联合创始人,他把人工智能的发展划分为两个阶段,即"人类级别的机器智能"和"超人类级别的机器智能"。

按照尼克·波斯特洛姆的估计,我们目前仍处于发展的第一阶段,并且暂时会一直处于这个阶段,也就是说,尽管在专业领域内有着长足的进步,但是人工智能仍未达到超越人类智力的级别。也许某一天,第二阶段就会突然出现,也许是在 30 年后,也许是在 40 年、50 年或者 60 年之后。然后,我们或者我们的下一代就能体验到这种超越人类想象力的新的智能。

> 每个人的经历都是故事，而不是任何算法

　　人们不能把尼克·波斯特洛姆设想的两个阶段分裂开来理解，就像很多东西都是在人工智能领域（仍然还是）由人类创造而来的。人们有理由怀疑，这种建立在计算基础上的推测是否会对社会真正有贡献。比如，巴西神经科学家米格尔·尼科莱利斯（Miguel A. Nicolelis）就说过："这种认为数字机器人强大到终有一天会超越人类能力的想法就是胡扯。"米格尔·尼科莱利斯属于研发脑机接口的顶尖科学家之一，他同他的一些同事都认为，我们的大脑并不是以某种算法在工作的，人类的意识是不可预测的"数十亿细胞非线性相互作用下的"结果，或者可以说，每个人的经历都是故事，而不是任何算法。

　　但是，至少目前人们是可以理解这位牛津大学教授的论证方式的。尼克·波斯特洛姆首先对这种发展寄予了很大的希望，他认为，如果有一天，只要这种超人类级别的机器产生，那么，就有可能出现真正的"智能大爆炸"。未来机器的"超级智能"就有可能为复杂的人类问题创造全新的解决策略，而这些策略，是我们现在甚至连想都不敢想的。然而，也正是因为这种新形式的智能能够发挥出我们以往想象不到的能力，所以也同样存在着极大的危险，因为它们可能会导致难以预料的事件发生。谁又能够在今天提前看到，这些难以预料之事最终会走向何方？人们是否不必进一步扩大人工智能体系的研究范围？另一方面，人们又该如何扩展人工智能的社会维度？这些人工智能公司是否不必学习人类的价值观？这样究竟可行吗？如果可行，又以怎样的方式？

对于这些问题,博斯特罗姆直到今天都没有找到令他满意的答案。但是他认为,我们所有人,特别是人工智能团队中的研究人员,更应该坚定地致力于解决这些问题。如果不这样的话,他很担忧,人工智能的发展总有一天会失去控制,而真正变成一场爆炸式的灾难:"在智能的爆炸面前,我们人类就像一群天真的抱着炸弹玩耍的小孩。"

对于这一问题,波斯特洛姆在他的著作《超级智能》开头用一种充满诗意的语言讲述了一篇未完待续的麻雀寓言,把他的思想披上了故事的外衣。这个故事,与我们的日常思维方式也有关系。这个故事,我更喜欢用自己的语言大胆想象,并将它同另外的故事进行鲜明的对比。

两个故事

眼下正是筑巢的季节。麻雀们围坐在一起叽叽喳喳地讨论着它们要做些什么才能减轻即将到来的繁重的筑巢工作压力。一只麻雀建议道:"我们也许可以雇一只猫头鹰来为我们筑巢。""好主意!"立马就有一只麻雀赞同地附和着,"这只猫头鹰还可以一直待在我们这里,然后帮我们照顾小孩。它能给我们提建议,还能留意邻居家的猫。让我们分头行动,争取找到一只被遗弃的小猫头鹰,或是猫头鹰下的一枚蛋,然后我们可以把它抚养长大。"所有麻雀都激动地点头赞同。只有一只独眼的麻雀斯克罗恩克芬克尔对这种想法持怀疑态度,它说:"这个计划有很大的瑕疵,一只猫头鹰真的有可能被驯化吗?"但它的抗议被其他麻雀尽情欢叫的叽叽喳喳声音淹没了,所有麻雀都立即动身,四散飞去,寻找一只猫头鹰的蛋。

这个故事的美妙之处,不仅在于它未完结,还在于故事中出现的事物所代表的意义是不明确的。幸运的是,按照波斯特洛姆的观点,我们现在还有时间去思考这些问题。当我们人类同那些由我们创造的、自主学习的机器越来越紧密地融合在一起时,会发生什么? 我们要从彼此身上学些什么?

第二个故事,是一个非常古老的故事,是柏拉图(Plato)在他的《普罗泰戈拉篇》中讲述的。故事是这样的,宙斯创造了世界和生命之后,心满意足地将剩下的任务交给两个半神——普罗米修斯和厄庇墨透斯,让他们照顾这些生命,并赋予它们生存的才能。厄庇墨透斯接受这项任务之后,赋予了每一个物种一项独一无二的能力,有的跑得很快,有的看得很远,有的战斗能力很强,有的游泳技能高超,有的可以凭借它们的皮毛度过严寒的冬季等。最后,只剩下了一种动物,他们浑身赤裸,几乎什么都不会,这种动物就是人类。看到人类很可怜后,普罗米修斯采取了行动,他潜入众神的驻地,偷走了火种交给人类。有了火种之后,人类终于能够艰难地生存下来。这就是技术的智慧。然而人类很快就变得侵略好战,威胁着其他物种的生存空间,甚至连自身都快要灭绝。最后出于同情,宙斯再次出手帮助了人类。他送给人类两样美德:一样是羞耻心,或者说是顾及他人的美德;另一样是正义感,或者说是一种能够认识到别人在遭遇不公平对待的美德。宙斯说,这两样送给人类的礼物,既偷抢不来,也无法买卖,人类只可以选择用还是不用。

今天再看这个故事，我们也许可以认识到，这其实就是一种内在的价值观，它与我们在未来几十年可能会面临的创造性任务也有着密不可分的关系。

与机器人做同事

作为物理学家和职业经理人，孔翰宁经常谈到"哥白尼式的转折"，认为人工智能的发展不仅改变了生产模式，还变革了组织和整个工作文化氛围，有这种想法的不止他一个人，哈佛大学教授迈克尔·波特也认为，我们现在第一次见证了，"信息技术是如何以传感器的形式嵌入产品之中的。这种智能的、互联的产品，比以往所有信息技术时代都更加深刻地改变了企业运营和组织安排的方式"。

机器、产品同大数据网络互相融合，最终形成一个"虚拟物理系统"。其目的就在于建立一家智能工厂，其具有自主操控、超强学习能力及灵活敏捷的特征。此外，这家工厂还可以对机器和产品进行智能的操控和维护保养，也就是所谓的预测性维护。比如，德国恺撒公司（Kaeser）就为它的空压机机器和设备装配有传感器和自主的操控系统，用公司总经理托马斯·凯撒的话来说就是"更少的冗余，更低的成本，以及更优的能源效率"。蒂森克虏伯公司（Thyssenkrupp）前总裁海因里希·赫辛根（Heinrich Hiesinger）也看到了类似的趋势，他说道："我们在我们的电梯中也装有这样的传感器，在云端服务器中收集运行数据，比如测量驱动电动机的温度、电梯运行速度以及电梯门开关功能。同时，借助于预测模型，我们可以计算电梯的损坏率。直到现在，我们的技术人员还常常只有当电梯已经发生故障的时候，才能够采取相应的措施，如果拥有了预测功能，就能避免付出高昂的维修费用。如此一来，大大降低了维护保养的开支，这不仅对客户有益，也更加经济环保。"

　　如果有一个趋势，是令德国和美国经理人都十分感兴趣的，那一定就是"工业4.0"或者"工业互联网"时代的到来。这一阶段的产品形式多种多样、用途清晰明确，而且产品生产过程也更加便利、经济和环保，最重要的是更具独特性。在这里，以大批量生产的模式单独制造某个产品首次成为可能，特别是和3D打印技术结合在一起的第一批单独制造产品。这不管从技术上，还是从历史的角度看，都是极具轰动性的，意味着工业生产的转型。

　　简单点说，比如阿迪达斯（Adidas）可以大批量生产具有个性设计的跑鞋或者其他个性化的运动设备。西门子（Siemens）首席执行官乔伊·凯飒（Joe Kaeser），在2016年度汉诺威工业博览会上就用一根高尔夫球杆，向坐在他对面的人形象地展现了西门子在数字化和工业网络方面的能力。那是一根美国公司制造的高尔夫球杆，而坐在他对面的人正是当时的美国总统奥巴马。凯飒这样解释道，为了这根高尔夫球杆，西门子会开发一种模型，它会测量运动员的身体数据，模拟其挥杆姿势，而在这些数据的基础之上，一根个性化定制的高尔夫球杆就制造出来了，并且造价跟普通的批量生产的高尔夫球杆无异。之后,他还继续补充道,数字化能够使奥巴马成为"一名更好的高尔夫选手"。

工业4.0:包括机器人在内的新的合作文化

这样的故事听起来很美好,但已经不再能令人感到震惊了,因为"工业 4.0"的概念已经在大多数德国企业中生根发芽,从西门子、德国威腾斯坦集团(Wittenstein)①、博世力士乐公司(Bosch Rexroth)②到很多作为世界"隐形冠军"的中小型企业,这一概念几乎涵盖了所有的行业和地区。"工业 4.0"要实现数字化、机器人化和自动化,还需要大量高水平且坚持不懈地继续学习的人才,以及跨学科工作的工程师和程序员,他们最好还具有双重资质。此外,还需要一种新的合作模式和新的合作文化,之所以称其为"新",是因为这种合作还涉及机器人。对于那些高素质水平的人才来说,机器人早已成为生产中必不可少的同事人选。他们同这些机器人打交道,几乎不存在什么接触恐惧。随着时间的推移,机器人对相关工作

---

① 德国的高技术工业制造企业。

② 全球领先的传动与控制技术供应商之一,致力于为各类机械和系统设备提供高效、强大、安全的智能运动解决方案。

也越来越熟悉，人们完全可以信任它们。

在机器、设备、自动控制技术、操纵系统、机电一体化、自动化、标准化、灵活化、传感设备这些技术方面，德国生产企业都处于世界顶尖地位，这是它们立足的基本特征。因此可以说，"工业 4.0"企业完全是德国的强势企业，没有公司可以做到同它们一样快速地发展，即使有，它们也能迅速地学习，随机应变，最后快速追赶并实现超越。

寻找突破口

但是当需要对大数据进行加工处理时，我们要怎么做？此时人们又最好向谁寻求帮助？是微软公司？还是 IBM、谷歌或者亚马逊呢？为什么每次与德国经理人谈起这个问题时，他们脑中想到的都是这些公司？这肯定不是偶然，弗劳恩霍夫应用研究促进协会（Fraunhofer-Gesellschaft）①主席莱蒙德·诺伊格鲍尔（Reimund Neugebauer）清晰地讲述了"工业4.0"和"工业数据空间"之间的区别。他把前者归为一种"进化"，而对后者，他则选择了"颠覆"的概念。可以这么说，数据的话题对于德国工业来说是一项极大的挑战。那些来自加利福尼亚的竞争对手已经作为友好合作伙伴，利用其云服务技术和服务器，不仅开始对其本国企业，也对德国的企业

---

① 是德国也是欧洲最大的应用科学研究机构，致力于面向工业的应用技术研究。

从旁提供了大力的支持，当然，有时候也会提供其他的相关服务。比如，低调沉默的大数据初创公司帕兰提尔科技公司（Palantir），从 2017 年开始就帮助德国达姆施塔特的制药公司默克集团（Merck）分析大数据，为所谓的免疫肿瘤学开发个性定制的疫苗。因为，默克集团首席执行官斯蒂芬·欧思明（Stefan Oschmann）坚信，通过大数据和人工智能的组合，我们现在置身于"一场根本性的革命的开端"，"在医学的历史上，还从未发生过如此多的变革"。

机器、设备、产品生产和价值创造之间的互联互通，对于德国企业来说并不陌生，这其实也是它们的竞争力之所在，否则在过去几年的全球化竞争中，它们早已无法坚持，更不要说其中很多德国企业还是世界市场中的领军企业。但是当需要在行业内部，甚至是跨行业的各个公司之间进行互联的时候，我们该何去何从？

进行这样的连接是困难的，但可以使顾客迅速行动，十分简单且便捷地挑选适合自己的产品和服务，选择恰当的用途，然后下单、收货，所有都是像他们希望的那样方便且快速。不论他们是有着较大需求的工业客户，还是零散的个人消费者，都可以满足他们的需求。所有企业都是以制造商为导向而发展、训练、成长起来的。"平台"这个词，迄今为止，都从未在工程学和企业经济学的理论中出现过。人们究竟要如何建立大型平台？

德国 SAP（思爱普）公司在平台建设方面就做得很好，它凭借 HANA 研究开发了一个提供集成一体化的云服务产品的数字化平台，与此同时，它还在市场开发方面机智且策略性地与像微软一样的竞争对手合作。

此外，在连接了物质世界和数字世界的平台，工业与数字技术的组合也更受欢迎，并且同其他行业的交流也变得越来越重要。就比如，弗劳恩霍夫制造技术与自动化研究所（Fraunhofer IPA）负责人托马斯·保尔汉森（Thomas Bauerhansl）教授的团队很早就开始为第二产业开发建立一个开放的、全联邦性质的云 IT 服务平台，这个平台被称为虚拟诺克斯堡（Virtual Fort Knox）①。杜伊斯堡钢铁交易商 Klöckner 总裁吉斯伯特·吕尔（Gisbert Ruhr），多年来也专注致力于为钢铁交易建立这样一个平台。德国通快集团（Trumpf）也为生产制造领域构建了一个开放性的工业平台 Axoom，加入了平台的竞争之中。博世公司也开发了万物互联的物联网云平台（IoT-Cloud），如果只有一家公司肯在"互联的世界"中为万物互联摇旗呐喊，那么，这家公司一定非博世莫属。博世公司首席执行官沃克玛·登纳（Volkmar Denner）说过："我们当今所理解的互联，其实从一开始就是世界范围内群体的产物。我们连接的不仅仅是亿万人类，还有亿万的事物。"当然，高举互联旗帜的还有西门子公司，西门子目前已经推出了MindSphere——一个开放的物联网操作系统。

在这个领域内，已经有如此之多不同的平台了，那么，这会是一场追逐游戏吗？如果是，又会集中在哪些领域？在一

————————————

① 美国装甲力量最重要的军事训练基地，美联储的金库也设在这里，这里号称全美最安全的地方。

个集结了各个领域的网络平台上，用户可以凭借唯一一把万能钥匙，打开不同的网络服务的大门。参与的公司都有意识地将这个项目看作是同谷歌、脸书竞争的筹码，它们想要共同创建一个极具竞争力的、欧洲人自己的平台，应对愈演愈烈的国际平台经济竞争。这可以算是一个十分有力的宣告了。

平台的魔力

现在有很多不一样的平台，从汽车制造平台、社会化空间平台到数字化平台，每种平台也有着完全不同的类型、不同的技术设计、不同的战略意图，包含各种各样的应用领域——其中，重新构建及变革市场的平台在不断增加。

这些平台为买卖双方提供了一个空间，并且在不同层面上提供产品和服务。这种方式，不论对于卖方（也就是制造商、应用软件开发商或者劳动力卖方），还是买方（也就是购买工作成果的终端客户或企业）都是十分有吸引力且有所助益的。它们连接了不同生态圈的参与者，提供相关数据，并在这个体系的各个参与者之间斡旋。

所有著名的大型科技公司都是平台运营商，比如苹果、谷歌、亚马逊、脸书、易贝（eBay）、优步、爱彼迎等。它们清楚地知道，应该如何为客户建立一个成功的平台，它们也知道，这种平台能够施展出来的那种不同寻常的、似乎有魔力的力量，因为，它们自己就完全是以这种方式成长起来的。

它们的飞速成长基于两个现实，也正是平台策略同传统策略存在根本性不同的原因。第一个现实，构建完善的平台，使其有针对性地利用网络效应，使建立新市场成为可能——不仅增加了市场份额，而且市场本身的规模也得以扩大。《经济学人》特约编辑托马斯·拉姆什（Thomas Ramge）曾这样描述道："以脸书公司为例，用科学的语言来说的话，这主要涉及'积极信息反馈机制'。平台上每一位新加入的参与者，不管是买方还是卖方，所有人的利益都会有所增加。这就是所谓的网络效应，一旦赢得了关键性的用户群体，那么其数量的增长不再是传统市场线性的增长方式，而是一种指数级的增长。在真正成功的平台上，只有当公司完全占据了市场的垄断地位时，才会出现所谓的饱和效应。"

第二个现实，平台运营公司有机会以一种全新的方式大规模地扩大自己的影响力。作为一个平台运营公司，不仅可以利用自己的商业机会，还可以通过协助合作伙伴的方式在其生态圈中获得更多机会的同时，大大增加自己的发展机会。畅销书《平台革命：改变世界的商业模式》一书中写道：策略游戏已成为一种"三维国际象棋游戏"。在这里，存在三个层面的竞争：平台与平台的竞争、平台与合作伙伴的竞争、合作伙伴之间的竞争。但是，也正是这些合作伙伴（供应商、研发人员、制造商、销售方）使得平台一步一步崛起，不断扩大规模。

这种三维的策略游戏自有其运转模式，其目的在于占领地球上巨大的影响力半径，执棋者可以没有军队，也可以没有足够的物质产业资源，它们拥有的只有各种算法、软件系统、数据。这是一种全新的、不一样的机制，一种看不见的宏伟构造，是在这个平台的世界里，为了比特（bit）的信息世界专门设计打造的。这种新的机制还会不断发展，以自主学习的方式向前迈进，它还会变得更加强大，下面这个小故事就可以很好地说明这一点。

　　起初，这只是一个绝妙且伟大的想法：开发一个搜索引擎，为使用者提供充足的内容，当然，这些搜索内容都是来源于互联网。两名来自斯坦福大学的博士研究生提出了新的设想：为了对这些内容进行更好的分类整理，他们通过人工编辑制订了一种目录形式，即为整个在线知识库制订了大型图书馆式的目录。接着，这个设想仿佛有了翅膀一样，开始展翅飞翔，这两位博士研究生成为成功的公司创始人，而后，公司面对市场上大量的竞争者依然屹立不倒。早在 1999 年，公司 800 名员工就创造了人均 56000 美元的营业额。这就是雅虎（Yahoo）创始人大卫·费罗（David Filo）和杨致远光辉的先驱岁月。而杨致远，据说后来还为阿里巴巴及其创始人马云的未来发展提供了重要的支持。

　　我曾在雅虎公司巅峰时期前往硅谷探访，当时杨致远还对我充满信心地解释道："我们拥有无数的技术可以帮助我们的用户，但最后，还是人类的知识在这里被分类整理，并且最终形成了围绕内容而定的目录。"

算法取代了人类的知识和能力

　　然而之后在这个领域又出现了不同的发展方向。同样是两位天才般的创造者，同样来自斯坦福大学，他们发明了一种新的算法，也就是所谓的网页排名算法，在这种算法中，网页内容的重要性由自动排列决定，他们由此建立了大获成功的谷歌公司，他们，就是拉里·佩奇和谢尔盖·布林（Sergey Brin）。

　　这曾是一种颠覆，这种模式更简单，不再需要大量的人力资源，人类的知识储备在这里是多余的，至少对于评估、目录和内容来说是多余的。在这里，技术接管了一切，因此，所有事情都得以规模化，而算法在这方面往往能做得比人类好得多。人们也许可以说，网页排名算法的成功是数字化颠覆的前身。这种颠覆，正是我们现在正在经历的，且还将继续经历下去。算法成功取代了人类的知识和能力的累积，这就是它们存在的意义，也是它们被创造出来的原因，就像以前在工业生产中，笨重的机器取代了人类进行繁重的体力劳动。技术减轻了我们的工作负担，古往今来，一直如此。

　　搜索引擎和网页排名算法，为谷歌在世界范围内飞速发展和扩张奠定了坚实的基础。2008年，谷歌推出了安卓系统

（Android），这是一种操作系统，同时也是移动设备，如智能手机或者平板电脑的应用平台。由此，谷歌终于在严格意义上也成了平台运营公司。现在市面上生产的智能手机，其中80％以上运行的都是安卓系统，而这些手机中都安装有一款谷歌应用商店——就像苹果设备运行的 iOS 操作系统中，也都有苹果应用商店一样。那么，作为应用软件开发商，就必须选择两个平台中的一个售卖自己的应用，同时必须接受该平台的限制条件，否则，就只能无奈地离开这个市场。

数字助手

2016 年秋天，在旧金山，谷歌宣布了开发一系列新事物的设想，照亮了下一阶段的发展之路。这些新事物有新的智能手机 Pixel、新的多功能助手"谷歌智能家居 Home"以及新的 VR 眼镜。这些设备，挟着一阵强劲的攻势冲向广阔的前沿阵地，冲击了每一个看得见、摸得着的事物，而且在它们身后紧随而来的还有更加猛烈的进攻，谷歌当时的首席执行官桑达尔·皮查伊（Sundar Pichai）在他的演讲中就毫不掩饰这种进攻态势，他提出了一个关于人工智能技术的长达 10 年之久的进攻性发展计划，目的在于为每一位用户带去其专属的谷歌："我们想要为每一位用户，打造自己的谷歌王国。"并且，他还解释道，"当今时代，机器的自主学习和人工智能技术，解放出来了很多能力，而这些就在几年前，还是我们完全想象不到的。"至于这些能力，是人类的还是机器内部复杂的机制所拥有的，皮查伊并没有给出明确的答案。

但是，他没有提到，这种复杂的机器内部机制，之所以能够成长到如此大的规模，完全是因为我们不断地用海量的数据在"喂养"。"谷歌，作为一种超级数据力量，是难以被破坏的。"安德雷斯·韦思岸（Andreas Weigend）就曾如此评价过谷歌，他作为数据专家和亚马逊前首席科学家，还曾协助亚马逊发展成为世界上最大的在线交易商。

这下一阶段，也就是在数字化转型的全球竞争态势下的下一个回合，同时，也是下一件大事。所有开发机构都看好人工智能，认为它能够借助于数字助手，尽可能地连接更多的用户到自己的平台上，可以说，它拥有了新的人机接口。因此，苹果开发了 Siri，微软有自己的 Contana（小娜），亚马逊有装备了语言助手 Alexa 的回声 Echo（智能音箱），谷歌也有自己的 Home（智能家居设备）。这种数字助手在这里就被简单地称为"助手"，每一位助手，每一家公司，都想找机会将其他人远远抛在后面。

其实，还有一位助手 Viv，作为一种开放的系统，它在 Siri 出现之前很多年就已经被开发出来了。据称，Viv 可以取代其他所有数字助手。达格·基特劳斯（Dag Kittlaus），参与创造了 Viv，并成立初创公司 Viv Labs，他声称："未来，每一个人都会想要拥有一位数字助手。"随后，他又将 Viv Labs 卖给了三星公司，下了十分机智完美的一步棋。而三星也希望通过这项举措，扭转其智能手机爆炸易燃后所面临的不利局面，并且同时为打造智能家居做准备。

在未来，这种数字化的助手在我们的生活中将无处不在，也许会被我们拿在手中、戴在身上，也许在家里、在办公室、在工厂，也许在无人驾驶的汽车中，不论何时何地，它们都随时准备着为我们服务。

它们会为我们定制个性化的服务内容，它们所做的一切，似乎给我们一种感觉，它们是我们必不可少的一部分，是我们自己声音的"回声"。不得不说，亚马逊确实真正看懂了这个商机，完美地命名了它的产品名称。

数字助手加强了平台的魔力，增强了它的影响力。网络先锋人物，杰伦·拉尼尔（Jaron Lanier）①，就将平台称为"海妖服务器"，因为它不断引诱着一个个互联网用户沉沦，就像海妖塞壬试图用歌声引诱奥德修斯一样。对于这种论断，人们已经越来越难以反驳。人们只能相对客观地进行分析，因为这些助手确实是有其有益的一面的，它们能够简化人们搜索和操作的过程，能使很多事情都变得更加简单，能提升舒适度，人们肯定不想失去这样一位有力的助手。它们使我们的数字化工具更像是一种玩具，它们也变得更加像人类，人机交流的新时代已经到来。

在这一新时代中，谁来主宰这场交流？谁来决定交流的发展走向以及价值观念？

---

① 计算机科学家、作曲家、视觉艺术家和作家，《大不列颠百科全书》将他收录为历史上最伟大的发明家之一。著有《你不是个玩意儿》一书。

独立自主的解决方案

确实，除了大型平台之外，还存在这样一个属于数字化机器和试验的世界，这个世界丰富、开放且充满惊喜。而且，很多公司开发了独立自主且具有前瞻性的技术和平台解决方案，像我提到过的弗劳恩霍夫研究所、西门子、SAP 公司都属于其中，还有一家德国的软件公司 Scopevisio，计划凭借其云计算技术，与软件巨头 SAP 公司争夺中小型企业的软件客户。

或者像 Tolino，产自德国的电子书阅读器，占据了德国 40% 的市场份额，也在与亚马逊 Kindle 的竞争中，真正撼动了其市场地位。

此外，这个世界里还涌现了大量的初创公司和创新团队，它们开发了很多很棒的、极富创造性的产品，有时候，它们还会获得知名公司的支持。比如，在德国博达技术和传媒集团（Hubere-Burda Media），来自 20 多个国家的超过 90 名员工苦苦思索，研制开发了一款网络浏览器 Cliqz，这一拥有自主研发的搜索引擎据说也让谷歌有着很大的竞争压力。这款搜索引擎运行时不需要用户上传他们的数据，因为公司开发了自己的反跟踪技术，并做出保证："我们完全不必知道任何有关于你的信息，那些必要的信息，那些能够帮助我们为你提供定制化服务的信息，完全处于你自己的掌控之下。"这无疑是一项激动人心的试验宣言，但是，它最终能否成功规模化、利益化呢？

从 2014 年以来，德国电信公司旗下拥有的柏林研发实验室

T-Labs 就一直致力于开发自主的即时通信服务，并且宣称，该服务可以同 WhatsApp① 和 Facebook Messenger② 进行竞争。终于在 2016 年这款名为"immmr"的产品展现在大众面前，并在斯洛文尼亚和克罗地亚进行测试。当时，这个只有 70 人的初创开发团队中有人就发了一条推特："immmr，这是一次移动手机的探索，是移动方式的自由，更是一场移动的冒险。"但是，进展真的会如此顺利吗？　真的会如电信公司董事克劳迪娅·内迈特(Claudia Nemat)所宣布的那样，这款手机 App 会成为一款"全球的产品"吗？

　　想到这些问题，我们会下意识地将目光转向亚洲，比如韩国。在那里，也有一款名为"Kakao Talk"的自主的即时通信软件，有着令人惊讶的丰富功能，能通话、发短信、拍照、发视频以及发送语言消息。而且 Kakao Talk 是一款免费的应用，在亚洲有超过 2 亿人都在使用这款即时通信软件，超过 90％ 的韩国智能手机中都安装有这款软件。在韩国，这款软件甚至还可以完成支付功能——就像中国的微信一样。再比如"今日头条"，有超过 6 亿中国人在使用这款软件。这是一款个性化的、由人工智能辅助的新闻应用软件，它会自主学习判断用户感兴趣的事情，并为其提供相应的新闻以及合适的新

---

　　① 　一款非常受欢迎的跨平台应用程序，用于智能手机之间通信的应用程序。

　　② 　脸书推出的桌面聊天软件，允许客户进行聊天、接收通知并从电脑桌面上阅读新鲜事。

鲜事和视频。仅仅是 2016 年一年，"今日头条"应用软件上的 240 万个相关的新鲜事和视频，就获得了高达 80 亿 2000 万次的惊人点击量。

在欧洲，还有很多智能互联的绝妙的设计方案，都是考虑到欧洲在个人数据问题方面的保守性而有针对性地设计开发的。比如西班牙城市桑坦德的智能城市项目。作为世界范围内顶尖设计的智能城市之一，桑坦德在每一个角落、每一个道路交叉口获取到的信息都是严格按照规定记录的，没有任何与个人隐私相关的信息。比如，传感器的作用在于，监测报告空余停车位的具体位置；监测公园的空气湿度，以便有效地控制草地喷水器只在过于干燥的情况下工作；而且通过在路灯上安装传感器，这座城市可以节省高达 80% 的电费；借助于一款 App，人们还可以了解有关博物馆和商店的最重要的信息。所有这一切，都得到了桑坦德市民的积极响应。因此，在欧洲终于也有了这样一个"实验室"——智能且持续发展的未来城市实验室。

苏黎世媒体研究专家菲利克斯·斯塔尔德（Felix Stadler）指出，在很多社会领域，"为了使我们能够在数据极端丰富的外部环境中自由行走，而不至于像盲人一样迷失在大数据的洪流中"，我们也需要那些智能的基础设施和算法系统，"当我们想要将能源供应转化为一种分散的、可持续的生产方式时，我们就需要这种智能互联的网络，它能够解决生产和消耗之间的复杂波动问题"。那么，现在的问题就是，这些系统要如何构建？透明度如何？以及谁能以怎样的方式拥有这些系统？

错视图片带来的反转

每个人都应该见过错视图片，图片本身没有任何改变，只不过我们的视觉感受突然发生了改变。比如：图片中的年轻女子换个角度，突然就变成了老妇人；一个高脚杯，突然就成了两个人的侧面像。这种视觉的矛盾既吸引了我们的注意力，又使我们错愕。这种突如其来的变化在我们的时代其实常常发生。

所谓的长尾理论的曲线就是这种现象的典型代表。长尾理论是克里斯·安德森（Chris Anderson）为描述互联网经济中出现的特定现象，于 2004 年在《长尾理论》一书提出的一个概念。长尾，其实是指一条简单的曲线，主要用于形象地说明利基产品其实有着比我们所能想象到的更大的意义，因为借助于网络的发展，小型生产商可以在网上销售他们的产品和服务，因此在交易的两端，一端是大量的小型生产商，而另一端是大型平台运营商，运营商们负责把这些利基产品在自己的网站上架出售，并且不用付出什么实质性的成本，亚马逊就是这样的平台。

长尾理论的曲线显示，右边的曲线向下延伸，像一条长尾，而左边则是极其陡峭地向上攀升的曲线，显示了其强势的市场竞争力。这条曲线其实与我们总是谈到的那些公司和大型平台的运营机制是一样的。一部分是那些由多种小众的利基商品共同组成的大规模的产品供应方，另一部分则是急速

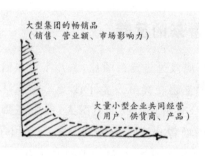

长尾理论曲线图

增长的畅销商品。

　　这个现象现在已经引发了一系列值得重视的社会影响。就像那些错视图片中的图形本身并没有变化，只不过我们脑海中出现了另一张翻转了的图像。对于这样翻转的变化，大多数小型供应商都十分惊喜于有这样合伙经营的机会，因为大多数商业游戏中的参与者，本身也就只能获得不多的关注和利润，那么作为利基商品的供应商，通常能得到的就更少了，甚至有些到了难以生存的地步。

　　很多 App 开发者对此都有亲身体验，在视频网站 YouTube 的平台上，某个新制作上传的视频可能会突然获得出人意料的点击量，就这么流行起来，仿佛在那一瞬间，幸运女神就降临了，但即使以这种方式多次成功登上了畅销品排行榜，也不意味着它们就是平台上的赢家，它们只不过凭借自己的畅销品，进一步巩固并扩大了自己的市场地位。只要有越来越多的人登录该平台去"分享"或者"点赞"，那么该平台的影响力就会越来越大，而这些平台并不需要投入过多的成本。

2006 年，YouTube 以 16.5 亿美元被谷歌收购，当时整个公司的员工数量只有 67 人；2012 年，Instagram（照片墙）以 10 亿美元被脸书收购，当时员工数量仅有 13 人；2014 年，WhatsApp 以 19 亿美元被收购，当时员工数量为 55 人。这就是互联网经济带来的另一面，每个人都能感觉到传统行业的危机，不仅仅是在美国的铁锈地带①。"劳动力市场中弥漫着一种危险的气氛，在'创新性破坏'阶段，破坏那部分重点打击的是传统工业部门中劳动力密集的产业，而创新那部分往往属于新产生的公司和领域，但在这些公司及领域，毫无疑问是不需要那么多劳动力的。"马丁·福特（Martin Ford）②在他的书中这么写道，"新设立的工作岗位的数量，在很长时间内都完全满足不了市场充分就业所必须的要求"。

谷歌，或者说 Alphabet 集团，2016 年企业总价值就已经超过 5500 亿美元，而员工数量仅为 6 万多人，而通用电气，企业总价值只有 4000 亿美元，员工数量却是谷歌的 5 倍，超过 30 万人。在创造更高价值的行业，人们现在已经越来越不需要支付薪资的劳动力了。因此，恐惧与担忧在社会中蔓延，人们彼此间的信任也在慢慢消散。

---

① 泛指工业衰退的地区。
② 机器人革命、人工智能等领域专家，著有《机器人时代》一书。

让人们恐惧的，并不是那些数字化的机器，而是在大型互联平台的运营机制中，输赢之间的比例关系发生了翻转，即极少数的大赢家与大多数的小输家。其实在一些情况下，数字化转型与创新革命之间是互相冲突的。

未来需要我们吗？

有人一再强调说，新型数字化机器并不会给人类带来任何恐慌，不论是从事生产的机器人，还是会做家务的机器人；不论是随身携带的设备或者是办公场所中那些智能的更像人的机器人，还是那些动态地调节供电系统的机器人。

那些我们可以与之交流的机器，虽然不再披着计算机的外衣，但它们没有直接放弃它们作为数据采集机器的本质，只是消除了那些会让人感受到它们机器性的一面，它们做了一些改变，变成了可爱的玩具、友好的管家、讨人喜欢的宠物一般的同伴。人们可以无条件地信任它们，用专业术语的话就是"超级信任"。

正因为如此，这些机器，在经济社会所需要完成的最重要的使命之一，才没有被明显揭露出来，那就是取代人类的工作。面对这种情况，有一些组织，特别是那些小型的精英团体，目前在很大程度上还能保持安然无恙，但其他一些就只能安慰自己说，优秀的人类是能够和智能机器合作共处的。虽然直到现在，不少生产工作还是由人类完成，但是离完全自动化的生产阶段，其实只有一步之遥。

马丁·福特说过："如果您现在使用一款智能软件工作，或者是在有类似这种系统的指引下工作的话，您完全可以放心地教这款软件学会您所需要掌握的一切技能（不管是有意识还是无意识）。"也许有一些人会疑惑地问，如果这样的话，社会是否还需要我们？又需要我们做什么呢？太阳微系统公司（Sun Microsoft）前总裁比尔·乔伊（Bill Joy），某次在接受《连线》杂志采访时，十分挑衅且尖锐地反问道："为什么未来不需要我们？"

人们可以不相信，可以怀疑，可以从完全不同的角度看待这个问题。但是，人们必须承认，人类是有这种担忧的，而且这些隐忧并不是空穴来风。

记者莎拉与机器人艾玛的对决

还有一个令人印象深刻的故事，它与《金融时报》（*Financial Times*）年轻的女记者莎拉·欧康纳（Sarah O'Connor）有关。2016 年春天，她决定以自身作为试验者，挑战人工智能和机器人。她与一款写作软件进行了比赛，该软件是由加利福尼亚的一家隐形初创公司（即一家不愿意泄漏身份的初创公司）开发制作的。莎拉把她的故事命名为："我的战争——我比机器人艾玛（Emma）写作更优秀的证明。"莎拉和艾玛的比赛于当天 9 点 30 分开始，比赛内容为在规定好的时间内写一篇关于英国实时就业数据的简短报道。果然跟大家预想的一样，这个名叫艾玛的机器，写作速度更快，只用了 12 分钟，而莎拉则花费了 35 分钟才写完，但仅凭时间长短，说明不了本质问题。更重要的问题在于，结果如何？两者写作质量的差别有多大？大多数读者能否立刻识别出这些区别？

在这里，我暂时不告诉大家结果，每个人都可以有自己的判断，这里将两者文章的一部分文字摘录如下：

> A：工资增长——英国就业市场复苏中缺失的一环——依然低迷。总平均收入增长率从 2.1% 跌至 1.8%，尽管这在一定程度上是受了不稳定的奖金收入的影响，那么，常规工资增长率——剔除这部分不稳定因素——则稳定保持在 2.2%，而这大致只是经济衰退前收入增长率的一半。

> B：过去几个季度，英国经济所面临的关键挑战，在某种程度上已经在于廉价劳动力的大量涌入而导致的工资增长低迷，这也给生产率测定带来了阴影。以一个工作单位为基础来看，工人们需要更努力地工作。当然从广义上讲，英国经济还将继续保持上升趋势，虽然还没有恢复到经济衰退前的状态，但比那所谓黄金年份的情况无疑要更好一些。

看完这两段文字，您认为哪一段是出自莎拉之手，而哪一段又是机器所写的呢？回答这个问题，对您来说容易吗？正确答案就是，A 是莎拉所写，B 是艾玛的作品。如果您对此感到十分吃惊，那么我还想再补充一句，此时世界上的艾玛还正处于其发展的初始阶段，也就是说，人工智能才刚刚从它们的幼儿园毕业,当然,也有人说,它们现在也还是在幼儿园学习阶段。

人类和智能机器人的竞赛

　　通过数字化平台做到的万物互联,是一场大型的策略性游戏,也是一次致命的竞赛。正是在这个所谓的物联网领域,现在还没有明确的权力范围划分,最多也只是暂时的分界,因此,尚有很多的游戏玩家在这个领域互相竞赛,每一个人都知道,此时要用尽所有策略战胜其他竞争者。这里有着大量机会——只要人们能站稳脚跟,跟上发展的速度。那些想要在这场战斗中坚持下来的公司,一定都是贪婪的,否则它们无法在其中存活下来。每一个人都尽力想出新的——最好对其他人来说是颠覆性的——与数据、数据存储及分析、云计算、人工智能、新的应用和服务相关的产品,甚至也许还与区块链技术有关。

　　至于这种以区块链为基础运转的 P2P 网络,是否会在某一天危及大型平台的生存问题,没有人知道,但是每个人都明白的是,所有新的应用,都必须投放到市场进行销售,否则没有任何意义,而销售在大多数情况下,都要通过平台来实现。这些所谓的平台,不仅仅可以降低成本,而且可以作为大量数据的聚合器,这才是新型商业模式发展的真正基石。最后,我们面对的最大问题就是,谁有权审阅那些数据？谁又愿意分享什么样的数据？而谁能从这些数据中开发出一种更好的商业模式？

因此，在未来，每一家公司都想要尽可能地为顾客提供广泛且全面的支持，就像一些广告宣传册子上印的："我们将全方位地引领我们的客户，完美地经历数字化转型。"事实上，这需要各个环节之间的无缝互联，从制造商到消费者，从生产到销售，从购置设备到创造价值，从交易到分析，从物质资源到人力资源。在未来，所有的一切都将毫无例外地被数字化、数据化，并被存储和分析，更确切地说，所有一切都将实时供人使用。不存在"表现不佳"或者次优的选择，每一秒都不会被浪费，每一个差错都会被弥补，数字化以自己的方式做到了这一点。到那时，您可以问一下证券交易商，在高频交易中雇佣人类还有什么意义？当然，这种逻辑听上去非常无情——但却是真的合乎逻辑。只有最强的，才能在这个世界上坚持下去，而且他们还会变得更强。那么，这是否也是互联网经济下企业的目标？

短缺和多余的人才同时存在

然而，实现这个目标的困难之处在于，我们在缺乏大量人才的同时，还拥有大批的员工。很多企业都在迫切地寻找合格的、最好是高水平的人才，寻找计算机工程师、软件开发人员，特别是那些同时具备社交能力、团队合作能力以及创造力的人才。而且通常是在自动化工业、电气工业、机械制造业领域以及创新型中小型企业的开发和制造部门，特别是在向"工业 4.0"转型的时候。培训行业也是这样，现在有一些公司已经没有足够权威的培训专家了。

　　与此同时，又有很多人感觉到，在公司里，他们已经变得多余，或者马上就要变得多余了。比如在汽车制造业、大型银行和保险公司领域，总的来说，正如他们担忧的那样，他们已经不再被需要。在劳动力市场，在代表社会利益方面，他们的能力已经无法带给他们任何收益了。今天，他们可能还能拥有一份工作，但是明天呢？今天，他们还可以上学接受培训，但是明天呢？难道明天那些变得更加聪明的机器不会抢走很多原先属于那些高水平人才的工作吗？问问自己属于多余的那部分人才吗？

　　劳动力市场：高水平胜利者和低水平失败者

　　《未来的就业》，是由牛津大学经济学教授卡尔·本尼迪克特·弗雷(Carl Benedikt Frey)和他的同事麦克尔·奥斯博(Michael Osborne)于 2013 年共同发表的。该篇论文的中心部分，就是上述所提及的矛盾现象，两位经济学家认为瓜分劳动力市场的主要集中在高水平的胜利者和低水平的失败者之间，特别是那些做常规工作的劳动力。在这个劳动力市场金字塔的最底端，今后也依然需要大量的劳动力，以便完成那些只需要较少技术含量的工作。但是即便是在这个领域，机器人也很快就会越来越多地接管我们的工作。弗雷和奥斯博，跟很多研究学者一样，都认为这是一种"就业两极分化"现象。在这篇论文中，还出现了这样一个数字，他们预测，未来美国将有47％的工作岗位受到威胁。"按照我们的估计，将近47％的美国就业岗位都处于被淘汰的高风险之中。"这个预测一出来就在新闻界引发了轩然大波，各家媒体都在大肆报道。问题的焦点集中在，"从今天的角度看，哪些工作更容易被自动化替代？"这不是在预测，到底有多少工作岗位会被裁减掉，甚至也不是在论述，哪些新创造的岗位会代替那些被裁减掉的，而是一种论断。

弗雷和奥斯博指出了我们在未来将要跨越的领域中，可能存在的风险以及威胁。此外，他们还在两年后，同花旗集团（City Group）研发部的同事们一起，共同审视了他们之前的观察，并通过比较研究的方法论证了劳动力市场存在的两极分化现象。在这份报告中，我们可以发现在欧洲国家的劳动力市场也同样存在着类似的数值比例，所面临的风险也并没有什么不同。后来的一篇名为"巴伐利亚2025——旧力量，新勇气"的麦肯锡研究报告，根据德国巴伐利亚州具体的发展情况，也得出了相似的结论："不断提高的数字化和自动化技术水平，已经覆盖了巴伐利亚州40％的工作岗位，如果人们再不对此做出反应，那么他们将面临巨大的威胁。"现在，有人可能会提出异议，我们只是40％，还没有达到美国的47％。然而问题的关键不在于这些比例，而在于极高的潜在风险，这里的

"潜在"并不意味着，这种情况可能出现，而是意味着，它总有一天会出现。

矛盾的常态

难道所有颠覆的过程都是不一样的吗？确实，我们也并不清楚，到底会发生什么，但是，我们可以对可能发生的几种发展方向进行预测，做好充足的准备，不管是心理上的还是身体上的，也不管是精神层面还是实际应用方面的准备。也就是说，我们需要摒弃单一的思考方式，选择双元的思维模式，并进行新的组合。

不是所有一切都是完美的，也不是所有一切都会更糟糕，一切都会过去，不要因为害怕而停滞，而是要振奋精神，未雨绸缪。孔子有一句话说得好："人无远虑，必有近忧。"思索未来时，不仔细考虑未来可能会发生的危险，那便不是在思考，而仅仅是人云亦云。

这也正是一些论及数字化转型的言论的不足之处，总的来说，它们对于转型所导致的社会风险往往一带而过。我想，之所以人们对这些风险如此冷淡，主要是因为人们总是通过高科技间接地接触到它们，而不能对种种矛盾现象有敏锐的感知力。在新的变化中，往往隐藏着最为破坏性的萌芽。但新事物的破土而出，一定伴随着旧事物的毁灭。

新事物的出现往往会给经济发展带来累累硕果，但是对于社会而言，却是一场可怕的灾难，至少在社会层面上逐渐产生某些新事物之前，都是一如既往的恐怖。如果不是这样，熊彼特也不会总说到创新性破坏了。

因此，我们的任务就是学会双元的思考方式。首先，不能是数字化的思考方式——不是黑就是白，不正面就负面，不支持我们的，一定是反对我们的，这就过于简单或者有点意识形态倾向了。其次，也不能认为自动的就是好的，仅仅因为它们到现在总是成功的就这么想的话，这种思考方式同样也过于简单，没有以历史发展的眼光来看待问题。我们的任务是要不断提问，那些不好的发展源头在哪里？我们要如何阻止这些源头继续蔓延？而为了强化人类自身，我们又要怎么做，才能开发出另一种创造性的选择，并对其适用性进行测试？这是一种成熟的、创造性的且负责任的思维方式。如何在破坏中加强创造，是我们将要面临的挑战，也是创新革命在数字化转型中的作用。

创新革命的节奏

人类的进化，永远赶不上技术进步的脚步，它无法像颠覆一样跳跃式发展，它有着自己不一样的节奏。创新革命要求我们要更多地致力于研究人类和社会发展进程的节奏。比如，一些组织已经开始考虑更有效率地同时间打交道，提出一些新的想法来减轻压力，有意识地利用休息时间，以及更好地平衡工作和生活之间的需要。美国作家、咨询师西蒙·斯涅克（Simon Sinek）提出，我们需要"在科技和生活之间找到一个更好的平衡点"。我们到底应该为什么付出时间，并通过什么样的方式得到相应的酬劳？当今高速发展的科技，减轻了我们的工作负担，给我们带来了更多的时间。在未来，我们到底要如何定义"时间"——工作时间、自由时间？我们是否可以完全自主决定时间？在一个并不遥远的未来，人们会有更多的时间，却不知道如何将这些时间转化为利益，而这只是很多问题中的一个而已。在过去几十年中，我们对科技抱有很大的幻想，并为此投入了大量的金钱，那么，现在是否已经到了在未来数 10 年中创作更多的社会狂想曲的时候？到了同最好的技术相互合作的那一刻呢？

颠覆性思维，是一种双元的思维模式，它懂得事物发展的规律；明白人类本性中的平衡法则，即有得必有失；明白每一次无节制的做法都会造成损害。人类本性其实是十分厌恶垄断和独一无二的。就像拉尔夫·沃尔多·爱默生（Ralph Waldo Emerson）曾说过："那些有着唯我独尊的观点的人，永远不知道，当他们费心排挤其他势力的时候，也亲手锁上了自己通往天堂的大门。你们之间一荣俱荣，一损俱损，如果你不考虑他们的心情，那么总有一天，你也会丢掉你自己的一切。"

我们早已经习惯，将乐观主义与积极的思维方式相提并论，而把批判性的思维方式与悲观主义联系在一起。大多数时候，在我们完全无意识的时候，在我们脑中就已经形成了完美无缺的相对应的联想链。

　　批判—负面—悲观—不适合未来！
　　进步—正面—乐观—为未来做好准备！

　　但是现在，这些已经成为暗含诱导性的空话，它们建立在一种传统的思维模式基础之上，就是为了使自己的观点显得安全无害的同时，尽力贬低他人的想法。

　　当然，我们肯定是需要积极的思维方式的，但是不是那些抽象的、漫无边际的瞎想，而是在不利的现实中，采取积极的思考方式，描绘未来的图景。如果在初始准备阶段，我们就从思想上把那些可能遇到的逆境排除在外，那么之后，它们可能会作为某种负能量，给我们带来更大的困难。我们之所以在面对不可预测的未来时产生失望、挫折、愤怒、生气、厌恶等等情绪，正是因为之前我们没有谨慎且理智地处理恐惧的结果，也是因为我们没有正确看待可能出现的负面情绪，也没有正确培养积极的、可作为未来观和机会空间的思维方式。

　　杰瑞米·赫兹(Jérémie Heitz)是世界上最优秀的极限滑雪运动员之一，他曾这么说过："每当我开始滑行的时候，我总是会有一丝害怕。但对于我来说，这是一种正面积极的情绪，让我可以清醒地认识到自己的处境，并且彻底集中精力。如果我觉得自己很安全的话，那我就离犯错不远了。"

　　因此，我们需要的，是一种强大的包含批判性的乐观主义，它没有忽略自身的薄弱环节，而是把它们摆在眼前，同时它也会换位思考，能够站在潜在进攻者的角度思考问题。

重新定位人类使命

也许所谓的社会大颠覆，对工作及社会保障模式的冲击并不会发生呢？这当然是最理想的。但是，就像您能想到，在未来几年内您居住的房子突然发生火灾、汽车被撬的概率极低极低，您依然还是会为所有的风险进行保险。因此，就像我们总会采取的一些物质上的预防措施一样，颠覆性思维就是这样一种精神上的预防措施。

采用颠覆性思维，会增加更多的选择机会，并及时为此采取预防措施。曾经的铁血宰相俾斯麦（Bismarck）就清楚地知道，他为什么必须要打破当时的社会立法，即使跟他同时代的人都认为这是十分荒诞的。

从实用的层面上来说，就意味着我们要去做那些我们现在已经了解到的，有助于形成颠覆性思维的事情，即提出问题，站在潜在竞争者的角度来思考，亲自扮演竞争者的角色，也就是说游戏似地亲自攻击自己的商业模式，"黑进"自己的程序，无情地揭露自己的薄弱环节。然后继续问自己，新的商业模式可能是怎样的？能否创造新的组合、价值观念和新的工作？是全球化的还是区域性的？是否利用了最新的科技和跨界的互联互通？能否更智能、更具创造性、符合时代要求？颠覆性思维，涉及了所有层面、所有领域、所有部门、所有学科。

我们为什么不去尝试，将目前尚在各自领域分散行动的人与各种不同想法聚集在一起，共同试验性地思考讨论：发展的下一个阶段大概会是什么样子？这对于很多创意精英们来说，也就是那些曾经大多数情况下都是单独工作的创新部门的参与者们来说，难道不是一项互联性的任务？这难道不是一次新的启蒙运动吗？一次不仅是数字化的，而且还是理解更全面且开放的启蒙运动？不论何地，我都感觉得到，人们已经重新有兴致，在同他人的合作中充分调动自己的思考与理解，不论是在公司，还是政界或者社会性的组织机构中。

此外，我还能感觉得到，人们还有一种需求，需要在新型的人机关系中重新考虑人类的形象定位，并且问自己，我们在这种关系中要如何坚守我们的独立自主、保持我们的高超技能和感官理解力？这些可以算是我们最深刻的行为动机，激励我们发起一场追寻行动，要通过倾听以及满怀对新出现事物的好奇心才可以做到。

也许，我们还需要一种"新政"，一种全新的、跨界的新政。这里的"新政"，可以集中也可以分散进行，可以在大公司也可以在小公司，可以在初创企业、各种协会团体，可以在政治领域，各个党派、工会、社会组织机构，也可以在中小学校和大学中贯彻执行。

那么，当我们参与其中的时候，就可以想象得到，我们之前一直都在讨论的那些是多么重要，我们需要彻底革新，尝试合作的新方法和新形式，分享彼此新的认知。

这是一次巨大的社会颠覆，是我们即将要面对的，而且我们每一个人都无法逃避，因为我们置身其中。这场颠覆早就已经悄悄开始了，因此，我们需要进行一场从未发生过的、广泛的、公开的、创造性的研究讨论，需要提出更多好的问题，进行好的试验，以及加强彼此之间的信任。这是一项世纪任务，我们需要徐徐图之。

接下来如何做？ 做些不一样的吧！

但是，我们真的准备好了吗？如果有人同那些加利福尼亚的科技公司负责人交流过，就会不断地为他们所透露出来的新鲜事感到惊奇，为他们坚定不移地认为科技能使未来更美好的信念感到惊奇。他们的思维方式目前似乎（至少以往看上去）不受任何批判性的异议影响。乌韦·让·豪斯（Uwe Jean Heuser）①就曾在一次与谷歌总裁皮查伊交谈的时候说道："每一个批判球碰上他们乐观主义的球网的时候，肯定会被大力弹回。"

未来的管理者，不再像现今一些多疑主管——他们能告诉你 100 个理由，为什么新事物是如此危险。适应未来的管理者更多的是要求我们像一名登山向导一样，清楚知道前进的旅途中充满了危险和不可测因素，因此，会为自己和那些信赖他的人们做好充足的准备，以应对任何出乎意料的事情，让人信任的同时给予人们很强的安全感。

---

① 从事经济和时事评论工作，他关于数字化革命的系列评论文章使其声名鹊起。

这就要求管理者有更多的创业精神，加强独立自主性、创新性和独立负责能力，同时还要提供更多的社会保障与公平机会，以支持那些需要的人；不是一定要固执地坚守在中心业务，而是要具有发散性思维能力，坚定地逆风而行，重新开始征途。

《线车宣言》①《欧盟数字基本权利宪章》②、罗格·威廉姆森（Roger Willemsens）的著作《我们曾是谁》和米歇尔·塞尔（Michel Serres）的《拇指一代》，对于这些著作，人们如果能够一起阅读和思考——也许我们能从中得到一些新的、与之前不一样的想法。我们会从中发现，无法预见任何走向，这就是颠覆性思维。

首先不论我们在哪里，都要实践性地进行试验；其次，还要研究那些我们以前觉得不可能的、但确实是我们应该做的事情，以便抢在针对旧工业社会的学习和工作"商业模式"的攻击之前行动，特别是在四个决定性的领域之内更要如此，因为它们决定了，我们是否真正理解数字化转型中创新革命的任务以及修复过渡时期存在的破裂和矛盾，这四个领域就是：

◆ 边学边前进
◆ 提出更多问题

---

① 该书介绍了互联网的 95 条军规，阐明了对话交流的商业原则，至今仍为互联网时代极具影响力的书籍。

② 该宪章由德国多名政、商、学界精英组成的社会团体向欧盟提交，规定了在数字世界的基本原则、基本权利和若干基本制度。

◆ 加强试验
◆ 不被淘汰的法则

边学边前进：我们应该对自身进行加倍投资吗？

是的，我们都很清楚这一点。多年来我们都很清楚，我们必须为教育付出更多。但是现在看来，"我们必须"似乎都已经不够，我们面临的问题是，如果每隔 18 个月机器的能力就会翻倍的话，我们还能够做什么？很显然，继续加强自身肯定是不够的，我们需要一些不同的方式，也许我们也可以翻倍地投入？以一种完全独有的、符合人类自身条件的方式进行翻倍？比如，专注加倍、技能加倍、潜力加倍？不仅是数量上的翻倍，还是质量上的、创造力的翻倍？那么，下面六个方面可能会给我们一些启发。

◆ 专注加倍。通过集中注意力的方式进行控制和引导。当我们对于一个主题表示出更多的关注时，那么它就会得到更多的重视。不论是学习、教育，还是培训、继续教育，都需要我们投入加倍的专注力。

◆ 支持加倍。对那些不断学习的人，那些推动学校、继续教育机构和培训中心发展的人，都需要给予其支持。

◆ 技能加倍。加强不同学科和职业之间新的组合，比如像仿生学、生物信息学或者机械电子学，都是从机械学和电子学之间的不同组合中产生的。我们在很多领域和学科中都需要这样类似的组合，就像史蒂夫·乔布斯把工程学和设计结合在一起一样。

◆ 机会加倍。毫无疑问，我们肯定需要数学和自然学科在技术方面的大力支持，比如我们需要具有工程和 IT 的顶尖能力、编程和软件技能，掌握商业和企业管理方面的知识。这些都是必不可少的，但也只是其中一个方面，我们同时还需要社会其他领域的技能，比如艺术和语言技能，治疗和护理技能，熟知哲学和设计知识，掌握移情能力、对话能力和判断力。通过无处不在的各种新的学习形式，更好地培养自己的这些能力。

◆ 勇气加倍。我们要制定新的时代最先进的培训课程和相关的结业考试。比如，菲利普·科特勒（Philip Kotler）[①]要求的"系统性解决方案的大师级课程""颠覆性思维大师级课程"或者"商业创新大师级课程"。未来在经济和政治领域内，能够担任主席职务的，只能是那些至少愿意花费跟员工一样多的时间进行继续教育的人。印度 IT 服务公司印孚瑟斯（Infosys）前首席执行官维沙尔·西卡（Vishal Sikka）说道："数字革命是一场'人类的革命'。在印孚瑟斯，我们已经建立了世界上最大的企业大学，可以同时对多达 15000 名的员工进行培训，并且还是用设计思维的方法。"

◆ 思考加倍。我们是否要创造一种 21 世纪教育的双元典型模式？我们需要的不再是专精、只知道遵循预先设定道

[①] 现代营销集大成者，被誉为"现代营销学之父"。

路的专家，而是更多跨学科的高端人才，他们能够进行独立的判断、自主决策。

提出更多问题

　　过渡时期给我们提出了如此多扣人心弦、悬而未决的问题，以至于人们甚至可以把这些问题贴满整个足球场大小的大厅。然而，我们却常常被一些答案早已确定的问题困扰。物理学家、诺贝尔奖获得者伊西多·艾萨克·拉比（Isidor Isaac Rabi）曾讲道，他的母亲在他放学回家之后，从来不会问他："你有没有考到一个优秀的分数？"而是会问："你有没有提出一个出色的问题？"

　　现在到处都在进行各种开发新形式的宣讲，试图从中找到好的尚未解决的问题，不论是经济的、社会的、政治的问题，还是有关独立自治、民主复兴以及重塑信任的问题。我把它们称为这个时代"价值百万欧元的问题"。

　　其中有一个问题是这样的：我们要做出怎样的贡献，才能使人们更加坚定决心，为那些能够实现长治久安的创新加大投资力度，特别是那些影响经济和社会可持续发展的创新？克莱顿·克里斯坦森将之称为"创造新市场的创新"——与那些短期有效的"效率上的创新"或者"性能改进方面的创新"加以区分。

　　即使这样，我们也会面临一个真实存在的困境，即克里斯坦森所说的"资本主义的困境"。那些寻找投资的资本（比如大型基金公司)正如那些大型公司的绩效考核一样,通常是以短期投资回报率为导向的。但是,很多经济决策者的短期导向是与市场参与者对获得财富的长期利益期望相矛盾的。

那么,这个困境的出路在哪里？或者至少有哪些方法可以帮助我们寻找可能的出路？难道我们在这里不能接受竞争者的立场与观点,开发新的持续的商业模式？同时,中小型企业和家族企业,以及创意精英们、企业家能起到怎样的作用？那些自信的、创新的团体和地区又能承担怎样的角色？

我们如何才能为共同经营创造更多的机会？因为这种(直接或间接的)共同经营中会出现这样一种理念:让人们共同为一件事付出全力,即使在困难的时期也能主动承担自己的责任。共同经营,是分享加上共同决策和共同获利的能力,还需要有很强的参与性。这在平台经济中可行吗？我们在这个方面是否要加强对如何进行社会创新的思考？或者其实应该更好地思考,如何为社会创新提供更多的空间,或许还要思考如何实现它的规模化？

每一个问题中都会发散出更多的问题。然而所有这些问题,归根结底还是一个问题,我们到底要如何支持那些感兴趣的市场参与者,帮助他们实现跨越几代人的长远的思考？

加强试验

技术,减轻了我们的工作量,这就是它存在的意义。在未来数十年中,它还会做得更多,特别会为我们减轻很多有偿的工作负担，比如重复的惯例工作，需要提高效率的工作以及管理工作。因此，我们可能需要以新的工作方式寻找新的收入来源。当我们与智能机器共同工作时，创新潜能的增强，为创业公司提供更多的发展空间，新的需求的产生以及我们自身的创造力极大增加等等，这些都是有可能出现的。但是也并不是绝对会出现，因为这不是一种自发现象。

因此，我们就需要试验。这时的口号，不再是以前繁荣和高速发展时期的竞选口号——"不搞试验"，而是"更多试验"，进行更多经济和社会方面的试验。这就要求我们，要在工作和研究受到可能的进攻之前采取行动。如果未来想要拥有更多的社会安全感，我们现在就要敢于进行更多的尝试，因此，我们需要有更多的想象力，以及更少的意识形态干涉。这是否可行？如果我们能做到下面五件事，也许是能够成功的。

◆ 任何时候，都认为数字化、可持续性、美学和极简之间新的组合是可能出现的，它们能够开拓我们迄今为止难以想象的新的创造价值来源。

◆ 认为经济和社会革新与生产革新同等重要（脸书，刚开始就是一种社会革新，因此可能被低估了影响力）。

◆ 没有地方写着，我们不可以将创造价值与创造工作结合在一起思考，也许这也是对我们下一个阶段企业和社会的挑战。

◆ 公司、社会倡议团体以及公共部门的代表共同合作，并在彼此间建立沟通的桥梁，多年来，已经有人在致力于这项工作，并将其称为"社会合作"。

◆ 颠覆性思维意味着，让人们在加强试验的同时给予其更多的保障，特别是心理上的保障，以及尽可能地提供社会保障。这就涉及改变与维护之间的平衡，涉及一种新的不断变化的价值平衡。

这在某种程度上其实是逆风而行。一方面，怎么试验？有人认为，对社会问题不太能进行试验。不，回答也许是可以的，这正是那些试验和试点项目存在的意义，先以较小规模进行尝试，然后再往外扩展。因此，人们需要一些活动中心和试验空间。另一方面，有人可能会提出反对意见，认为仅凭试验，人们无法走得更远。回答依然是，不。我们可将杰出的试验开发者互相联结起来，开发共同的平台，建立合作同盟——即使他们和我们的意见并不一致。

不被淘汰的法则

有这么一个问题一再被人提出，我们到底是否还被需要？问题的答案取决于，我们是如何理解"我们"的，也就是说，我们们如何理解我们自身。

如果我们按照之前的惯例，延续之前做事的行为和习惯，那么问题的答案就是否定的，我们将不再被需要，我们是可以被替代的。

反之，如果我们把自己看作是一个独立的个体，看作矛盾的、创造性的存在，并拥有独一无二的特殊能力，那么这个问题的答案就是肯定的,是的,我们会被需要,甚至非常被需要。猎头公司和人事经理都在到处挖掘这样的人才,他们有时候会把这些人叫作 MVP,即最有价值的人才。对他们的需求则在不断上升,他们的关键词就是——独特、可靠、自主。

一些公司相比于其他公司来说,获得这样的人才相对容易一些。比如谷歌,每年都有大概 200 万求职者。但对于大多数企业和机构来说,形势则更加严峻一些,但是正因如此,它们对人才的需求也在不断增加。那么,现实就可能出现一种自相矛盾的令人惊奇的转折,当人们按常规办事,即能够完美执行所有提前规定好的事情,那么,他们很快就有可能在计算算法的威胁之下被淘汰,但另一方面,人们又可以凭借独一无二的、稀有的、创造性的工作方式,获得第二次重生的机会。

数字化,就是实现人类重生的机会。万物互联,不仅使新形式的合作成为可能,同时也成就了一种全新的个体。那么,我们是否已经理解,互联的组织需要的其实是具有独一无二特质的个人?我们是否懂得,只有当每个个体都被需要的时候,团队才能变得更好,会议效率才会更高,变革才有可能成功?

如果您想要被淘汰,那么,下面七个建议绝对能帮助到您:

◆ 永远不要问问题,特别是那些您不知道答案的问题。绝对不要承认,您对某事的无知。

◆ 永远不要走近他人,将求助视为一种弱点。

◆ 将独立自主看作是机器的标志，认为这只是它们值得追求的。

◆ 仅仅遵循效率至上的准则，最优化才是一切。

◆ 远远避开矛盾性的工作，就像魔鬼躲避圣水一样。

◆ 始终遵循脸书或者您的 Echo（语音助手）给您的推送或者指令。

◆ 继续从第一条开始做，循环往复。

但是，人们也可以从积极的角度看待这个问题，并从中浓缩出几句格言。为了不让这场游戏脱离掌控，下面也有四条忠告：

◆ 世界越互联，个体就越有意义。

◆ 在团队、经济和政治生活中，需要掌控的组织效率越高，个体之间的协作就越有意义，询问每个人的需要和他所能做的贡献也越重要。

◆ 组织承载的变革压力越大，就越需要创造足够的空间和充足的时间，让人们可以在其中更好地完成自己擅长的事情。

◆ 人工智能替代人力劳动的强制性压力越大，就越要问自己，到底是什么使人类脱颖而出？人们能更好地完成哪些工作？在什么地方人们是不可替代的？他们的优势和潜力是什么？或者说使他们独一无二且特别的弱点又是什么？

人类不可替代的是什么

创新革命的意义在于，在数字化转型中强化人类的创造力。这就是我最后的论点（或者说是假设，正如我在本书引言中提到的那三个论点）。未来需要的是创造性的合伙人，互联互通网络中清醒的参与者。那些对企业缺点茫然无知，并且只自私地考虑效率最优化的人，是不符合要求的。我们需要的是那些能清醒意识到周围和环境情况的人才，有胆量又谦逊，即使在最艰难的情况下也毫不畏惧。

不论是在大公司还是小企业，特别是在面临那些十分琐碎的、日常的、令人讨厌的任务时，人工智能都是很大的助力，它们帮我们减轻了大量工作，并且能完成得更好，但是，它们无法取代我们敏锐的感知力。它们可以为我们提供有效的计算结果，告诉我们如何能够更持续地工作，但是，它们取代不了我们可持续发展的决心、我们的判断力以及对于他人的同理心。

它们无法告诉我们，如何才能把垃圾从大海中，甚至从我们的脑海中清除出去；它们无法使社会文明化；它们无法给我们简单明了的方案。

最重要的是，它们完全无法取代，那些被要求承担管理任务的所有人的工作，即勇敢向前迈进，支持他人——作为教练、顾问，作为传达反馈的人，或者作为帮助者，支持其他不那么强大的人。不论在任何公司、任何团队、任何管理部门，这在未来都会变得更加重要。

因此，每一个人都可以从现在开始，哪怕是迈出一小步，哪怕是一个极其简单的想法，哪怕是从现在开始停下做那些常规工作。即使只有几分钟的时间，请保持尊重与专注，因为这正是需要我们重新去挖掘的潜力与能力的时刻。然后你会发现很多问题，在它们将我们摧毁之前，就已经被解决了，虽然偶尔也会产生失败与混乱，但这就是真实的生活，我们不必吹嘘夸耀什么，只需要开始尝试，并带给别人勇气，共同踏上这条未经开发的新道路。

所以，第三个实践要求，也是最重要的一条：

强化人类自身！

思维导图

新世界——旧世界？

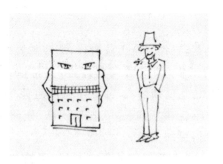

我们可以从彼此身上学到什么？
未来将由谁来主宰我们的交流？

我们需要"双语的"思考方式吗?

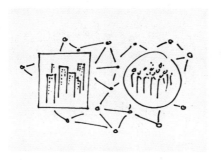

物联网——万物互联

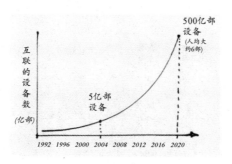

互联的爆炸性发展

根据 Cisco(思科)的预测性发展

平台经济的社会结构

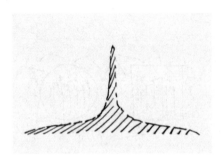

大量小型企业处于底层位置，只有少量大型企业位于狭窄的顶端

数字化转型

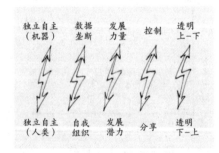

机器和人类陷入了同创新革命的拉锯之中

未来的一个可能性：是这样吗？

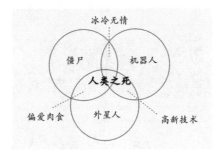

SnorgTees 公司设计的 T 恤上印制的文氏图（Venn-diagramm）

另一种可能性……：或者是这样？

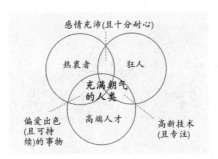

批判乐观主义

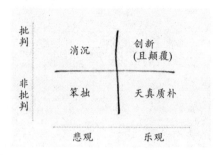

颠覆性思维的意义

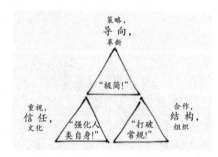

颠覆性思维——一目了然的故事

参考文献

书目

Anderson, Chris: The Long Tail: Why the Future of Business is Selling Less of More[M], New York: Hyperion, 2008.

Arnold, Herrmann: Wir sind Chef. Wie eine unsichtbare Revolution Unternehmen verändert [M], Haufe Lexware, Freiburg 2016.

Bauman, Zygmunt: Flüchtige Moderne[M], Suhrkamp, Frankfurt am Main 2003.

Baums, Ansgar; Schössler, Martin; Scott, Ben （Hg.）: Kompendium Industrie 4.0. Wie digitale Plattformen die Wirtschaft verändern-und wie die Politik gestalten kann[M], Berlin 2015.

Beise, Marc; Schäfer, Ulrich: Deutschland Digital. Unsere Antwort auf das Silicon Valley[M], Campus, Frankfurt am Main 2016.

Bock, Laszlo: Work Rules. Insights from Inside Google [M], London: John Murray, 2015.

Bostrom, Nick: Superintelligence. Paths, Dangers, Strategies

[M],Oxford:Oxford University Press,2014.

Brynjolfsson, Erik; McAfee, Andrew: The Second Machine Age. Work, Progress, and Prosperity in a Time of Brilliant Technologies[M], W. W. Norton & Company, New York 2010.

Christensen,Clayton M. :The Innovator's Dilemma. The Revolutionary Book That Will Change the Way You Do Business[M],New York:Harper Business,1997.

Collins,Jim:Der Weg zu den Besten[M],DVA , München 2002.

Dark Horse:Digital Innovation Playbook[M],Murmann, Hamburg 2016.

Dark Horse Innovation:Thank God It's Monday[M], Econ,Berlin 2014.

Dobbs,Richard; Manyika, James; Woetzel, Jonathan: No Ordinary Disruption. The Four Global Forces Breaking All the Trends[M],New York:Public Affairs,2015.

Ebeldinger, Jürgen; Ramge, Thomas: Durch die Decke denken[M],Redline,München 2013.

Eberl,Ulrich:Smarte Maschinen. Wie künstliche Intelligenz unser Leben verändert[M],Carl Hanser,München 2016.

Ende,Michael:Momo[M],Thienemann,Stuttgart 2005.

Florida, Richard: The Rise of the Creative Class-revisited [M],Basic Books,New York 2014.

Ford，Martin：Aufstieg der Roboter. Wie unsere Arbeitswelt gerade auf den Kopf gestellt wird[M]，B? rsenmedien，Kulmbach 2016.

Friebe，Holm：Die Stein-Strategie. Von der Kunst，nicht zu handeln[M]，Carl Hanser，München 2013.

Grant，Adam：Originals. How Non-Conformists Change the World[M]，WH Allen，London 2016.

Gürtler，Jochen；Meyer，Johannes：30 Minuten Design Thinking[M]，GABAL，Offenbach 2015.

Harari，Yuval Noah：Homo Deus. Eine Geschichte von Morgen[M]，C. H. Beck，München 2017.

Hofstetter，Yvonne：Sie wissen alles. Wie intelligente Maschinen in unser Leben eindringen und warum wir für unsere Freiheit kämpfen müssen[M]，C. Bertelsmann，München 2014.

Hutter，Michael：Ernste Spiele. Geschichten vom Aufstieg desästhetischen Kapitalismus[M]，Wilhelm Fink，Paderborn 2015.

Iske，Paul Louis：Combinatoric Innovation，Inspiration and Learning in a Complex World[M]，Den Haag：SMO，2016.

Keese，Christoph：Silicon Germany. Wie wir die digitale Transformation schaffen[M]，Knaus，München 2016.

Keese，Christoph：Silicon Valley. Was aus dem mächtigsten

Tal auf uns zukommt[M],Knaus,München 2014.

Kelley, Tom ; Kelley, David: Creative Confidence. Unleashing the Creative Potential within Us All[M],London:William Collins, 2014.

Kollmann,Tobias ; Schmidt, Holger:Deutschland 4. 0. Wie die digitale Transformation gelingt [M], Springer Gabler, Wiesbaden 2016.

Kotter,John P. :Accelerate. Strategischen Herausforderungen schnell,agil und kreativ begegnen[M],Vahlen,München 2015.

Kumar,Vijay:101 Design Methods. A Structured Approach for Driving Innovation in Your Organization[M],John Wiley & Sons,New Jersey 2013.

Kurz, Constanze; Rieger, Frank: Arbeitsfrei. Eine Entdeckungsreise zu den Maschinen, die uns ersetzen[M], Riemann,München 2013.

Kurzweil,Ray:Homo S@ piens. Leben im 21. Jahrhundert [M],Kiepenheuer & Witsch,Köln 1999.

Kurzweil,Ray:How to Create a Mind. The Secret of Human Thought Revealed[M],London:Duckworth Overlook,2012.

Lakoff,George:Don't Think of an Elephant! Know Your Values and Frame the Debate[M],White River Junction:Chelsea Green Publishing,2004.

Laloux,Frederic:Reinventing Organizations. A Guide to Create Organizations Inspired by the Next Stage of Human

Consciousness[M],Brüssel：Nelson Parker,2014.

Lotter,Wolf：Die kreative Revolution. Was kommt nach dem Industriekapitalismus? [M],Murmann,Hamburg 2009.

Macron,Emmanuel：Revolution. Wir kämpfen für Frankreich [M],Morstadt Verlag,Kehl 2017.

Maturana, Humberto; Varela, Francisco J.：Der Baum der Erkenntnis. Die biologischen Wurzeln menschlichen Erkennens [M],Goldmann,München 1990.

Mayer-Schönberger,Viktor；Cukier,Kenneth：Big Data. Die Revolution, die unser Leben verändern wird[M], Redline, München 2013.

Meckel, Miriam：Wir verschwinden. Der Mensch im digitalen Zeitalter[M],Kein & Aber,Zürich 2013.

Meyer,Jens-Uwe：Digitale Disruption. Die nächste Stufe der Innovation[M],BusinessVillage,Göttingen 2016.

Mutius, Bernhard von：Die Verwandlung der Welt. Ein Dialog mit der Zukunft[M],Klett-Cotta,Stuttgart 2000.

Mutius,Bernhard von（Hg.）：Die andere Intelligenz. Wie wir morgen denken werden[M],Klett-Cotta,Stuttgart 2008.

Mutius,Bernhard von：Die Sch? nheit der Einfachheit [M],Trapazzi Press,Potsdam 2014.

Mutius,Bernhard von：IQ plus WeQ = BQ. 6 Meditationen über ein postkollektives Wir[M],Potsdam 2015.

O'Neil,Cathy：Weapons of Math Destruction. How Big

Data Increases Inequality and Threatens Democracy [M], London: Allen Lane, 2014.

Osterwalder, Alexander; Pigneur, Yves: Business Model Generation. Ein Handbuch für Visionäre, Spielveränderer und Herausforderer[M], Campus, Frankfurt am Main 2011.

Packer, George: The Unwinding. An inner History of the New America[M], New York: Macmillan, 2013.

Parker, Geoffrey G. ; Van Alstyne, Marshall W. ; Choudary, Sangeet Paul: Platform Revolution [M], W. W. Norton & Company, New York 2016.

Petek, Rainer; Schreib, Herbert; Bein, Werner; Pichler, Florian: Und alle ziehen mit! Die Kraft der Leadership-Teams[M], Linde, Wien 2016.

Pink, Daniel H. ; Drive. The Surprising Truth about What Motivates Us[M], Canongate, Edinburgh 2011.

Pörksen, Bernhard; Schulz von Thun, Friedemann, Kommunikation als Lebenskunst[M], Carl-Auer, Heidelberg 2014.

Richter, Timm: Jeder kann führen. über moderne Führung zwischen Systemdenken und Menschlichkeit[M], BoD, Norderstedt 2016.

Robinson, Ken: In meinem Element[M], Goldmann Arkana, München 2010.

Roehl, Heiko; Asselmeyer, Herbert: Organisationen klug

gestalten. Das Handbuch für Organisationsentwicklung und Change Management[M], Schäffer-Poeschel, Stuttgart 2016.

Sattelberger, Thomas; Welpe, Isabell; Boes, Andreas: Das demokratische Unternehmen. Neue Arbeits-und Führungskulturen im Zeitalter digitaler Wirtschaft[M], Haufe, Freiburg 2015.

Schirrmacher, Frank: Ego. Das Spiel des Lebens [M], Blessing, München 2013.

Schmidt, Eric; Rosenberg, Jonathan: How Google Works [M], John Murray, London 2014.

Schreib, Herbert: Cool durch Wirbel und Wandel[M], Linde, Wien 2014.

Schumpeter, Joseph A.: Kapitalismus, Sozialismus und Demokratie[M], A. Francke Verlag, Tübingen 2005.

Serres, Michel: Erfindet euch neu! Eine Liebenserklärung an die vernetzte Generation[M], Suhrkamp, Berlin 2013.

Simon, Fritz B.: Meine Psychose, mein Fahrrad und ich. Zur Selbstorganisation der Verrücktheit [M], Carl-Auer, Heidelberg 2004.

Struck, Pia: Game Changer. Das Ende der Hierarchie? Unternehmen erfolgreich in die Zukunft führen[M], GABAL, Offenbach 2016.

Taleb, Nassim Nicholas: Der Schwarze Schwan. Die Macht höchst unwahrscheinlicher Ereignisse[M], Carl Hanser, München 2008.

Tapscott, Don; Tapscott, Alex: Die Blockchain-Revolution: Wie die Technologie hinter Bitcoin nicht nur das Finanzsystem, sondern die ganze Welt verändert[M], Plassen Verlag, Kulmbach 2016.

Thiel, Peter: Zero to One. Notes on Startups, or How to Build the Future[M], London: Virgin Books, 2014.

Weigend, Andreas: Data for the People. Wie wir die Macht über unsere Daten zurückerobern [M], Murmann, Hamburg 2017.

Weinberg, Ulrich: Network Thinking. Was kommt nach dem BrockhausDenken? [M], Murmann, Hamburg 2015.

Wiener, Norbert: Invention. The Care and Feeding of Ideas[M], Massachusetts: MIT Press 1994.

Willemsen, Roger: Wer wir waren[M], S. Fischer, Frankfurt am Main 2016.

Williams, Luke: Disrupt. Think the Unthinkable to Spark Transformation in Your Business[M], Upper Saddle River: Pearson Education, 2015.

文章、博客和其他来源

Andreessen, Marc: Why Software Is Eating The World [J], The Wallstreet Journal, 2011-8-20.

Ankenbrand, Hendrik: Wie es Euch gefällt [J], FAZ,

2017-1-17.

Becker, Benedikt: Daten Sammeln, Klinken Putzen[J], Die Zeit, Nr. 14, 2017-3-30.

Burckhardt, Martin: Was das Ende von Alan Turing über sein Denken sagt[J], FAZ, 2016-4-9.

Charta der Digitalen Grundrechte der Europäischen Union [J/OL]: www. digitalcharta. eu.

Christensen, Clayton M. ; Bever, Derek van: The Capitalist's Dilemma[J], Harvard Business Review, Juni 2014.

Christensen, Clayton M. ; Raynor, Michael; McDonald, Rory: Was ist disruptive Innovation? [J], Harvard Business Manager, 1/2016.

Cluetrain Manifesto[J/OL]: www. cluetrain. com.

Daum, Timo: Dieser Kapitalismus funktioniert nicht? Understanding Digital Capitalism[J], Das Filter, 2016-5-16.

Denner, Volkmar: Bedroht der neue Protektionismus auch die Vernetzung? [J/OL], Blogbeitrag April 2017, www. bosch. com/de/explore-andexperience/denners-view/.

Denning, Steve: Can Big Organizations Be Agile? [J], Forbes, 26. 11. 2016.

Disruptor's Handbook. News from the Frontline of Innovation [J/OL], www. disruptorshandbook. com.

Dueck, Gunter; Eilers, Frank: Wenn Dinge sprechen lernen-Internet of Things[EB/OL], 22. 5. 2017, https://

www. youtube. com/watch? v=vlyi6h39sAg.

Engelhardt, Sebastian von; Wangler, Leo; Wischmann, Steffen: Eigenschaften und Erfolgsfaktoren digitaler Plattformen. Studie im Auftrag des Bundesministeriums für Wirtschaft und Energie[J], Institut für Innovation und Technik (iit) in der VDI/VDE Innovation+Technik GmbH, Berlin 2017.

Ferguson, Niall: My Tuesday Google Zeitgeist Lecture on the Fatal Recipe for Populism and the Lessons for Our Time[EB/OL], https://youtu. be/bSLEGafuEd4.

Förtsch, Michael: Regeln gegen den Aufstand der Roboter [J], Wired (deutscheAusgabe), 2017-2-2.

Frey, Carl Benedikt; Osborne, Michael A. : The Future of Employment. How Susceptible are Jobs to Computerisation? [J], 2013-9-17.

Ganslmeier, Martin: Regieren in 140 Zeichen[J/OL], tagesschau. de, 2017-1-4.

Gerhardt, Daniel: Beyoncé. Die Limonade danach[J], Die Zeit, 2016-4-27.

Goetzpartners; Förster und Netzwerk: Studie Klare Haltung. Wie Unternehmen.

Authentizität fördern-und davon profitieren [J], München 2016.

Goetzpartners; Neoma Business School: Agile Performer Index[J], München 2017.

Grassegger, Hannes; Krogerus, Mikael: Ich habe nur gezeigt, dass es die Bombe gibt [J], Das Magazin, 48/2016.

Gruber, Angela: Kleiner geht's nicht[J], Der Spiegel, 2017-3-26.

Hartung, Manuel J.: Leben im Befehlston[J], Die Zeit, 2017-3-30.

Harvard Business School Publishing: On Innovation. HBR's 10 Must Reads on Innovation[J], Boston 2013.

Hecking, Claus: Sie setzen ein Volk unter Strom[J], Die Zeit, 2017-2-2.

Heise online: Nokia-Chef erwartet Boom bei Multimedia-Handys[J/OL], 2007-1-8.

Helbing, Dirk: Maschinelle Intelligenz-Fluch oder Segen? Es liegt an uns[J/OL], Blog, Deutsche Telekom, 2016-3-1.

Heuer, Steffan: Mit dem Strom[J], brand eins, 12/2016.

Heuser, Uwe Jean: Die Verlockung[J], Die Zeit, 2016-7-7.

Heuser, Uwe Jean: Sundar Pichai. Ein gnadenloser Optimist [J], Die Zeit, 2016-12-29.

Issing, Otmar: Wir können nur beten. Interview mit Roman Pletter und Mark Schieritz[EB/OL], Die Zeit online, 2016-7-7.

Jansen, Stephan A.: Der nächste Kapitalismus-dieser Trend zeichnet sich in den Unternehmenskulturen ab[J], Huffington

Post,2017-2-5.

Joy,Bill: Why the Future Doesn't Need Us[J],Wired, 2000-1-2.

Kagermann, Henning, im Interview mit Klaus Lüders: Kopernikanische Wende[J],Inpact Mediaverlag,Berlin,März 2016.

Kaube,Jürgen: Die Irrtümer der Wähler-Beschimpfer [J], FAZ,2016-11-10.

Knop, Carsten: Thyssen-Krupp-Chef Hiesinger: Das beste Fachwissen kann heute nachgeahmt werden[J],FAZ,2016-1-21.

Knop,Carsten: Das ist die größte Herausforderung der Digitalisierung[J],FAZ,2016-1-24.

Kolb,Matthias: Trump als Außenpolitiker[J],Süddeutsche Zeitung,28. 4. 2016

Kuhn,Johannes: Digitaler Wandel. Kampf der Skeptiker gegen Visionäre[J],Süddeutsche Zeitung,2016-5-27.

Lemm, Karsten: Sebastian Thrun macht lebenslanges Lernen zum Erlebnis[J],Wired,10/2016.

Lepore, Jill: Disruptive Machine. What the Gospel of Innovation Gets Wrong[J],The New Yorker,2014-6-23.

Lobe,Adrian: Bots für Trump[J],FAZ,2016-9-30.

Lobo,Sascha: S. P. O. N. Auf dem Weg in die Dumpinghölle [J],Der Spiegel,2014.

Maak, Niklas: Die Welt von morgen [J], Frankfurter

Allgemeine Quarterly,2/2016.

Martens,Andree:Change Management 4. 0. Denk disruptiv! [J],ManagerSeminare,August 2016.

McKinsey: Bayern 2025. Alte Stärke, neuer Mut[J], Studie McKinsey & Company,März 2015.

Meck,Georg; Weiguny,Bettina: Was kann der Großkonzern vom Start-up lernen? Oliver Bäte im Gespräch mit Oliver Samwer[EB/OL],FAZ,2016-8-5.

Miegel,Meinhard: Hybris. Die überforderte Gesellschaft [J],Propyläen,Berlin 2014.

Müffelmann, Jens; Schmitz, Ulrich: Die Geschichte der Axel Springer SE in 71 Sekunden[EB/OL],YouTube 2013.

Mutius,Bernhard von: Wertebalancierte Unternehmensführung [J],Harvard Business Manager,5/2002.

Mutius,Bernhard von: Deutschland als Lernende Nation. Oder: Wie Neues entsteht,das besteht[J],Zeitschrift für internationale Politik,Oktober 2005.

Mutius, Bernhard von; Minx, Eckard: Kreisförmiger Fortschritt. Ein zirkuläres Prozessmodell für die erneuerungsfähige Organisation[J],Zeitschrift für Organisationsentwicklung（ZOE）, 1/2013.

Niebling,Marco,im Interview mit Winfried Kretschmer: Mit gegenseitiger Hilfe[EB/OL],www. changeX. de,2016-5-25.

Paul, Holger: Kollege Roboter. Auf dem Weg in die

vierte Revolution[J],Innovationsmanager,September 2014.

Pörksen,Bernhard:Hört doch mal zu[J],Die Zeit,2016-8-25.

Porter,Michael E. ; Kramer,Mark R. : Creating Shared Value[J],Harvard Business Review,January/February 2011.

Porter,Michael E. ; Heppelmann,James E. : How Smart,Connected Products Are Transforming Competition[J],Harvard Business Review,November 2014.

Ramge,Thomas:Disruption, Plattform, Netzwerkeffekt [J],brand eins,05/2015.

Ramge,Thomas:Nicht fragen. Machen[J],brand eins 3/2015.

Raschke,Uwe:How Should Large Organizations Adapt to a Changing World? [J/OL],Bosch Connected World Blog,2017-3-15.

Ruimin, Zhang: Haier's Rendanheyi 2. 0. [J], Peter Drucker Forum,Wien 2015

Salder,Felix:Algorithmen, die wir brauchen[J/OL],netzpolitik. org,2017-1-15.

Schaar,Jürgen,im Interview mit Moritz Strube[J],Crisp Research,. 2017-1. 30.

Schäfers,Manfred:Wilder Westen in der Steuerpolitik [J],FAZ,2017-2-3.

Schiel,Andreas:Zukunftsbetrachtungen mit Bernhard

von Mutius[J/OL]：https：//arbeitmorgen. wordpress. com/ 2016/05/04/wie-wir-heute-denken-entsc-heidet-darueber-wie-wir-morgen-arbeiten-und-leben-werden-teil-1/.

Schmidhuber，Jürgen：Künstliche Intelligenz wird das All erobern. Ein Interview mit Christian Stöcker[J]，Der Spiegel，2016-2-6.

Schulz，Thomas：Zuckerbergs Zweifel[J]，Der Spiegel，2017-4-1.

Siemons，Mark：Trumps Chefstratege. Die dunkle Seite der Macht[J]，FAZ，2017-2-6.

Sievers，Uwe：Ein Appell für mehr Selbstreflexion. Zygmunt Bauman auf der re：publica[J]，Menschen Machen Medien，2015-6-11.

Solon，Olivia：Elon Musk Says Humans Must Become Cyborgs to Stay Relevant. Is He Right? [J]，The Guardian，2017-2-15.

Steingart，Gabor：Digitalisierung. Weltworte[J]，Handelsblatt Magazin，Oktober 2016.

Swisher，Kara：Man and Uber Man[J]，Vanity Fair，2014-11-5.

Teller，Astro：Google X Head on Moonshots：10X Is Easier Than 10 Percent[J]，Wired，2013-11-2.

Weißbuch Arbeiten 4. 0，hrsg. vom Bundesministerium für Arbeit und Soziales[J]，Berlin 2017.

Wenzel, Frank-Thomas: Künstliche Intelligenz: Verliert Deutschland den Big-Data-Anschluss? [J], Berliner Zeitung, 2016-9-25.

Wrobel, Stefan: Wir beschränken künstliche Intelligenz. Interview mit Corinna Niebuhr[EB/OL], Stifterverband für die Deutsche Wissenschaft e. V. , YouTube, 2016-8-31.

Zeitschrift für Internationale Politik (IP), 1/2016: Smarte Revolution. Wie die digitale Kommunikation die Politik unter Druck setzt[J].

Zuboff, Shoshana: Bog other: Surveillance Capitalism and the Prospects of an Information Civilization[J], Journal of Information Technology, 30/2015.

Zuckerman, Ethan: Die Prognosekraft von Google wird gewaltig überschätzt. Gespräch mit Alexandre Lacroix[J], Philosophie Magazin, 6/2016.

致　谢

　　过去几年里，我的很多朋友和同事，都以他们自己的方式从旁协助，并对本书最终成稿做出了很大的贡献——比如，当我们在一起深入交谈时，共同爬山和在林中漫步时，在对不确定性、混乱及黑天鹅理论的不同讨论阶段中，在数字化转型、创新革命、系统性思维和设计思维的探讨中，他们的观点都对我有着很大的启发。在这里，我要特别感谢君特·库珀斯和海因茨·奥托·派特根，迈克尔·胡特尔和弗里茨·西蒙，温弗里德·克雷奇默和马尔科·冯·曼克豪森，延斯·莱纳·扬尼希、雷纳·佩特克和赫伯特·施莱布，马克斯·舍恩、比格尔·普利达特和安克·希尔德，马蒂亚斯·博伊和菲利普·史泰尔茨纳，贝蒂娜·贝克尔、彼得·埃德尔曼和史蒂芬·布赖登巴赫，埃克·冯·奥普伦·博洛尼可夫斯基、埃伯哈德·叙伯和伊尼斯·赖奇，乌里·温伯格、茉莉·威尔逊和克劳蒂娅·妮可莱。